广告设计

Advertising Design

于钦密　编著

化学工业出版社

·北京·

本书在介绍广告设计基本概念、中外广告发展、广告的任务及类型的基础上，深入剖析了广告设计的定位与基本流程，重点对数字与网络、影视、海报与招贴等媒介广告的优劣势进行分析，并突出了广告创意的重要性，从创意原则与方法、图形、文字、色彩等方面讲解创意的方法。尤为重要的是，本书将新媒体广告独立成章，全面介绍了网络广告、手机广告、微博与微信、单机游戏与网络游戏广告等常见的新媒体广告形式及其设计与制作。本书的特色是通过案例让读者掌握广告设计的重点，使其对媒介环境特征、广告创意与执行、新媒体广告等内容有直观的认识。

本书可作为高等院校视觉传达设计、广告设计、广告学、传播类专业师生教材，亦适用于相关设计行业从业人员。

图书在版编目（CIP）数据

广告设计 / 于钦密编著 . — 北京：化学工业出版社，2017.9
ISBN 978-7-122-30223-6

Ⅰ．①广… Ⅱ．①于… Ⅲ．①广告设计 Ⅳ．① F713.81

中国版本图书馆 CIP 数据核字（2017）第 163746 号

责任编辑：张　阳	美术编辑：王晓宇
责任校对：吴　静	装帧设计：仙境设计

出版发行：化学工业出版社（北京市东城区青年湖南街 13 号　邮政编码 100011）
印　　装：北京瑞禾彩色印刷有限公司
880mm×1092mm　1/16　9¹/₂　236 千字　2017 年 9 月北京第 1 版第 1 次印刷

购书咨询：010-64518888（传真：010-64519686）　售后服务：010-64518899
网　　址：http://www.cip.com.cn

凡购买本书，如有缺损质量问题，本社销售中心负责调换。

定　　价：49.80 元　　　　　　　　　　　　　　　　　　　　　版权所有　违者必究

前　言

永远在路上

　　设计过程是一个渐进的、多变的过程，也是一个理论和实践紧密结合的过程。理论是实践的总结，也指导着下一次的实践。本书作为一本设计理论书籍，是笔者在短短六年从教生涯中的专业积累与总结，同时也是自己努力的下一个起点。

　　当下，我们已经进入体验经济时代，广告随着科技的发展拥有相应的姿态，"艺术与科学"得到更为广泛的诠释。广告作为品牌形象塑造、信息的创意传达的有力工具，在国民经济的发展中具有重要的作用。从某种意义上说，广告业的发展境况能够映射出经济的发展程度，同时，它也改变着信息传播与文化创新的方式。

　　本书以中外广告发展过程、广告设计定位与流程、媒介特征与选择、广告创意、新媒体广告五个部分为主要内容，从设计语言到设计方法进行全面解析，强调课堂教学与设计实践之间的融合，力图做到结构清晰、案例丰富、时代特征明显、适应面广，以使本书具有一定的前瞻性，同时也具有现实性、应用性和示范性，能够为高等院校相关设计专业提供教学、参考之便，让广大师生感受到从业状态下的激情与严谨。

虽然本书是一次匆匆的尝试，但也给很多朋友同事添了不少麻烦。首先，感谢张阳编辑的细心修改与耐心指导，这是本教材顺利完成的保障；其次，感谢"桂林理工大学2016年校级规划教材建设立项""桂林理工大学2016年强基计划教学建设——广告设计课程群改革""桂林理工大学2016年强基计划教学建设——广告设计网络示范课程建设"项目的资助，这对笔者是莫大的支持与鼓励。同时，本书作为笔者主持的广西教育厅高等教育教学改革项目《"强基·融合·生发"——工科背景下视觉传达设计人才培养模式研究》（2016JGB244）的部分成果，借鉴了前辈学者们的优秀著作、行业协会优秀作品集中的经典案例，在此一并致谢。由于编写时间仓促和自身能力有限，内容难免有所疏漏，敬请教育界和设计界专家同行及广大读者不吝赐教，在此表示深深谢意。

于钦密

2017年4月

目 录

第 1 章
广告设计概述

1.1 广告的基本概念 _02
1.2 中国广告的发展 _03
1.3 外国广告的发展 _13
1.3.1 以英国为中心的欧洲广告 _13
1.3.2 现代广告中心——美国广告的发展 _15
1.3.3 法国广告业的发展 _22
1.4 广告的任务 _24
1.5 广告的类型 _25
思考题 _26

第 2 章
广告设计的定位与流程

2.1 广告的定位 _28
2.2 广告设计的一般流程：品牌医生的角色 _37
思考题 _42

第 3 章
媒介特征与选择

3.1 数字与网络广告 _44
3.2 环境型广告与游击式广告 _47
3.3 报纸与杂志广告 _51
3.4 广播广告 _53
3.5 影视广告 _54
3.6 海报与招贴 _56
3.7 DM 广告（直邮广告）_57
思考题 _58

第 4 章
广告创意

4.1 广告创意的原则与方法 _60
4.1.1 创意创意创意 _60
4.1.2 广告创意原则 _61
4.1.3 广告创意方法 _63
4.2 广告的构成要素 _69
4.2.1 广告中的图形——形新意美 _69
4.2.2 广告中的文字——言简意赅 _88
4.3 广告中的色彩 _102
思考题 _106

第 5 章
新媒体广告

5.1 新媒体广告概述 _108
5.2 品牌网站与网络广告 _111
5.2.1 品牌网站 _111
5.2.2 网络广告及其特点 _112
5.2.3 网络广告设计与制作 _114
5.3 网上商店设计 _115
5.4 最具黏性的媒体——手机广告 _118
5.4.1 手机主题设计（主题图标设计）_119
5.4.2 手机 APP 应用软件策划与界面设计 _123
5.4.3 手机视频的生成与传播 _126
5.4.4 手机短信息广告 _126
5.5 微博与微信广告 _127
5.6 数字电视与商业频道广告 _130
5.7 虚拟社区与论坛广告 _133
5.8 搜索引擎与数据库广告 _134
5.9 游戏广告 _135
5.9.1 游戏广告的特点 _135
5.9.2 网络游戏广告及其发布方式 _136
5.10 播客与沃克的传播整合 _142
思考题 _143

参考文献 _144

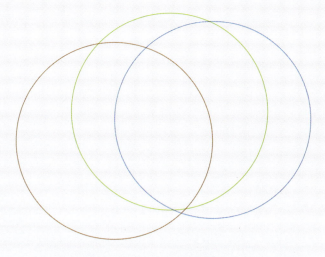

Chapter 1
第 1 章
广告设计概述

本章主要介绍广告设计的基本概念,涉及广告设计的概念、中外广告发展过程、广告的任务三个方面。

1.1 广告的基本概念

广告（英文是 Advertising，意为注意、诱导、传播），从字面上可以通俗理解为"广而告之""叫卖，吆喝"，即让受众了解这个"东西"，知道它有哪些"功能"，这些"功能"能解决哪些"问题"，解决这些问题会让你觉得如何"便利"。随着媒体的不同，就出现多种形式的"吆喝"，在"广播上吆喝"可以理解为"听觉广告"，在"电视上吆喝"可以理解为"电视广告"，在"网络上吆喝"可以理解为"网络广告"。由此可见，广告主要用于介绍产品功能背后所带来的便利，无论是物质上的，还是精神上的。

广告是人类信息交流的必然产物，是为了某种特定的需要，通过一定形式的媒体，公开而广泛地向公众传递信息的宣传手段。广告有广义和狭义之分。凡是用于宣传某一对象、事物或事情的方式都是广义广告。广义广告包括非经济广告和经济广告。非经济广告指不以盈利为目的的广告，又称效应广告，是为了达到对某种对象、行为或事情进行宣传的目的，而不将获取盈利作为目标，例如公益广告、科教普及性广告、政治宣传广告等。狭义广告仅指经济广告，又称商业广告，是指以盈利为目的的广告，通常是商品生产者、经营者和消费者之间沟通信息的重要手段，或企业占领市场、推销产品、提供劳务的重要形式，主要目的是扩大经济效益。

在学术领域，一般对于广告的定义为：广告是一种由广告主、个人或组织机构将经过编码的特定信息以适当的符号形式，通过一定的传播媒介反复传达给目标受众的，以达到影响或改变目标受众的观念或行为的公开的、非面对面的、有偿的信息传播活动。通过该定义可以得到如下结论：①广告是一种有计划有目的的活动；②广告活动的主体是广告主，而广告活动的对象是广大消费者；③广告活动是通过大众传播媒介来进行的，而不是面对面的传播，如推销员的推销；④广告活动的内容是有计划地选择的商品或劳务信息；⑤广告活动的目的是为了促进商品或劳务的销售，并使广告主从中获取利益。

广告的发展是社会经济和科学技术发展的写照。广告是科学与艺术的结合体，伴随着商品生产和商品交换的出现而产生。随着造纸术与印刷术的发明与流行，纸媒广告蓬勃发展，而电波携带信息的技术则将广播、电视变成新时代的宠儿，当今数字技术的发展，更使得网络广告、手机广告等新媒体广告大显身手。

1.2 中国广告的发展

战国至隋朝年间的广告

悬帜广告：出现在战国时期，是坐贾出现以后所采用的一种广告形式，当时已经具备了这种广告形式产生的物质条件（织染、缝制技术），说明商人的广告宣传意识逐渐增强。

悬物广告：是实物广告的发展，汉代以后较为流行，有招牌广告的作用。

商品命名：广告市场上出现竞争，商人为了扩大自己的商品市场，多以制作该产品的能工巧匠的名字或与商品有关的故事情节、历史背景来命名商品，以加深顾客印象。

故事营销：通过广泛流传的买卖故事来营销，且开始讲究广告技巧和心理效应，诱发人们的购买欲望。

唐宋时期的广告

唐代广告：唐朝是我国封建时期社会鼎盛、经济繁荣的高峰。以灯笼为广告，是唐代以后酒楼、饭馆的特色之一，旗帜广告以酒旗使用最多。

两宋广告：宋代商业日益盛，服务行业应运而生。招牌广告的发展在唐、五代由官府管理，宋代遍及城乡。音箱广告主要表现为声音与音乐的结合（将吆喝叫卖声与歌谣、快板、词曲相结合，悦耳而具诱导性）。这一时期，印刷术的发明促使印刷术广告应运而生（图1-1、图1-2）。

明清时期的广告

招牌广告：赋予招牌文字以特定内涵，多选用吉祥如意为主题，内容上采用与商店商品有关的历史故事。中国古代商人对字号招牌非常重视。

对联广告：具有中华民族风格的一种文字广告形式。清代以后各个行业都有自己的专用对联，

图 1-1 济南大白兔针铺印刷效果

图 1-2 济南大白兔针铺印版

第1章　广告设计概述

并在当时的春联里赋以商业性内容（图1-3）。

印刷广告：明清时代，我国印刷业有了较为明显的进步和发展，各地书商和印刷者利用书籍插图大做广告，以此来推销各类书籍。此外，许多商业广告随着年画这一形式深入民间，利用印刷品做商品包装，一方面是包装，另一方面又是广告（图1-4）。

图1-3 同仁堂药铺的照壁广告

图1-4 《画说全聚德》连环画封面

鸦片战争前后的广告

近代广告发展的最显著标志是报刊广告的出现。西方商品输入我国主要以日用品为主,广告形式多采用路牌广告和招贴广告,路牌广告多画在墙上,以文字为主,形式简单;招贴广告一般在海外印刷,再运到中国张贴。以报纸杂志为代表的近代广告开始由外商引入。近代在中国境内出版的第一份中文杂志是1833年8月在广州创办的《东西洋考每月统记传》(图1-5);1853年8月,英国传教士在香港创办《遐迩贯珍》中文杂志(图1-6),首开中文刊物登广告之先河,行销于港澳及五口通商口岸;之后,帝国主义国家在香港、上海等地创办了一批以中国人为对象的中文日报,配合其经济侵略,对外商企业广为宣传。

鸦片战争后的广告格局:洋货广告反客为主,占据主要地位。由于沿海与内地经济发展的差距,广告水平的地区差异越来越大,形成先进广告媒介与传统广告媒介并存的局面。

图1-5 《东西洋考每月统记传》

图1-6 《遐迩贯珍》杂志封面

戊戌维新前后的广告

一批具有爱国思想和民族意识的资产阶级知识分子提出改良报纸的主张，他们把办报纸作为传播思想、抵制洋货的重要手段，并逐渐懂得利用广告手段进行竞争。报刊广告蓬勃发展后，广告主与广告经营者逐渐分离，从而促使广告代理商产生。广告代理商最早以报馆代理人和版面买卖人的形式出现，后来演变成广告公司、广告社。1872年11月14日《申报》出现了有图片的广告稿（图1-7、图1-8）。

辛亥革命前后的广告

辛亥革命前后的报刊除了宣传革命形式外，也刊登大量的广告，促进商业发展。这些广告有两个明显的特点：一是广告内容有了扩大，包括日用百货、电影、银行等以及个人通告；二是广告版面安排、编辑水平有所提高，不仅有文字说明，还有彩色图片进行图解。1913年，旧中国最大的报业资本家——史量才接办《申报》，使广告成为报纸的主要收入。1918年，国内报纸采用套色印刷，彩色报纸出现。1911年世界广告学会在美国成立后，万国函授学堂上海办事处曾与我国广告界人士联合发起组织过"中国广告工会"，它是我国广告史上最早与世界广协有联系的唯一的全国性广告机构。

图1-7 《申报》报纸广告

图1-8 《申报》鞋子广告

五四运动前后的广告

报刊广告持续发展。报纸成为最廉价、传播效果最好的广告媒介（图1-9）。革命报刊注重广告宣传。1919年7月14日，毛泽东在长沙创办的《湘江评论》在创刊号的报头下面刊登"广告价目"，并且已经有封面、中缝广告之分，短登、长登之别（图1-10）。

广告媒介多样化。其一是广播广告的诞生。1922年底，美国商人E·G·奥斯邦在上海设立了中国境内第一座广播电台——奥斯邦电台。1927年新新公司创办中国人自己设立的第一家电台。1953年上海第一家官办电台——上海广播电台由上海市政府开办。广播电台的出现是近代广告史上的里程碑式事件，是由印刷业到电信业的转变，这使得信息传播的效率大幅提高。其二是路牌广告、橱窗广告等形式的发展。其三是霓虹灯广告的运用。

广告代理的出现。随着广告业的发展，有实力的公司都自办广告部或宣传部，没有条件设立广告部的企业，只好依赖广告代理商设计和制作广告，这促使了早期广告社和广告公司的出现。北京最早的广告社是1921年创办的杨本贤广告社，专门为北京的各类报刊招揽广告。上海最大的

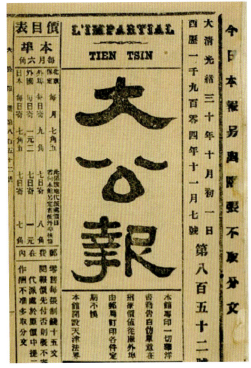

图1-9 《大公报》报头

图1-10 《湘江评论》

是华商广告公司和联合广告公司。

广告学研究与教育产生。我国最早的广告研究团体是1918年成立的北京大学新文学研究会。1919年12月，北京大学新文学研究会所聘导师之一徐宝璜出版了我国第一部比较系统、全面的新文学著作《新闻学》（图1-11）。1927年戈公振出版的《中国报学史》（图1-12），系统论述了关于广告学的理论观点。我国最早出版的广告学研究专著当推由甘永龙编译的《广告须知》。

20世纪30年代的广告

这一时期广告媒介继续发展，霓虹灯和车船广告相当流行，此外还有邮政广告、店内广告、剧场广告、空中广告等多种形式，广告艺术水平逐渐提高。广告经营者开始研究消费心理，追求艺术性和实用性。广告公司运作趋于专业化。

抗日战争至建国前的广告

抗日战争爆发后，上海、南京、武汉等广告业逐渐萧条并内迁至重庆，继续开展广告业务，包括商业广告和公益广告。我党主办的《解放日报》《新华日报》以宣传马列主义思想扩大党的政治影响、服务于社会和人民为宗旨，成为信息宣传的主战场，同时也刊登其他各类广告。

抗战胜利后，原来一些停刊的报纸相继复刊，各种宣传媒介重新活跃，广告制作水平逐步提升，我国广告业初具规模。不少大学开设广告课程，培养了一批专业的广告从业人员。

这一时期的广告发展表现为以下几个方面。

广告行政与法制管理：我国广告管理发端于20世纪20年代的《民建法案》，30年代国民党政府迫于各界压力，对广告活动进行少量管理，但是由于没有一部正规的广告管理法规，虽然在一些新闻和出版法规中对广告内容做了一些限制，但是广告事业的整体趋势是走下坡路的。

广告行业自律：广告行业自律主要体现在各个广告组织根据广告道德制定的行为规范，或与同行业团体机构共同制定的广告公约。比如，1912年中华民国报馆俱进会通过设立广告社案，1919年上海成立的全国报界联合会通过了拒登日商广告案。这在一定程度上缓和了同业间的矛盾，保障了广告业的健康发展。

广告经营者经营管理：广告经营者是广告信息传播中的把关人，其经营管理水平如何，直接影响到广告信息的质量，也是减少不文明或虚假广告的重要一环。该时期广告公司的经营管理

图1-11 《新闻学》

图1-12 《中国报学史》

处于放任自流状态，广告信息的质量大都取决于美术工作者（例如画家）。总体上，因旧中国社会经济尚未达到一定水平，企业和消费者个人对广告的认识和自我保护意识较弱，故并未形成有组织的行业相关管理活动，这成为旧中国广告管理业的缺陷。

| 国民经济恢复时期的广告（1949~1952年）

颁布新的广告管理法规。1949年4月，天津率先公布了《管理广告商规则》。

加强对广告行业的领导。政府对私营广告行业进行了初步整顿，对媒介广告进行了整顿，利用广告同业会加强了行业管理。

重视广播广告的作用，发展实用性广告。在广告形式上，一方面保留了过去那些行之有效的广告宣传手段，另一方面还根据方便企业和消费者的原则，发展了一些实用、低价格、针对性强的广告形式。

| 社会主义改造时期的广告（1953~1956年）

1956年社会主义改造完成后，广告事业又有了一定的恢复和发展，主要表现在组建国营广告公司、进一步加强对广告的管理、中央领导关心广告工作等方面。

| 社会主义改造基本完成后的广告（1957~1965年）

这一时期的广告发展主要表现为：为对外经济交往服务；为方便人民生活服务。在社会主义制度下，商业广告是指导人民消费的基本方法之一，是社会主义文化领域中一种美的形式。1958年5月1日，我国第一座电视台——北京电视台实验播出，10月1日，上海电视台建成，标志着电视已跨入广告媒体的行业。广告中的政治宣传占相当比重，同时注意反映我国社会主义革命和建设中取得的成果以及新中国崭新的面貌，成为这一时期广告的显著特点。

| "文化大革命"时期的广告（1966~1976年）

所有的商品广告基本停顿。户外广告备受摧残，许多传统老字号、牌匾被砸烂。本时期"口号美术"的创作在某些媒介上得以保留，例如美术字、插图等（图1-13）。

图1-13 "文革"时期的文字标语（四川雅安）

第1章 广告设计概述

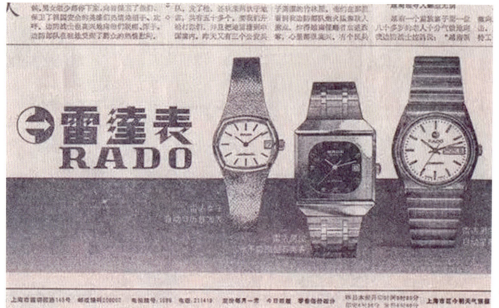

图 1-14 《文汇报》上的雷达表广告

| 新时期广告业务的恢复和发展（1979年以后）

1979年开始，在全国范围内逐步恢复了广告业务。1月4日，《天津日报》率先恢复了商业广告。1月23日，《文汇报》刊登第一条外商广告（图1-14）。1月28日，上海电视台播出了我国大陆电视史上的第一条商业广告——参杞补酒。3月5日，上海人民广播电台在全国电台中第一个恢复广告业务。3月15日，上海电视台又播出了第一条外商广告——瑞士雷达表。

| 20世纪80年代我国广告事业大发展

80年代初期，是我国广告事业大发展的年代。中国广告协会成立，随即举办了全国第一届广告装潢设计展览，邀请部分从事广告学、新文学、经济学、心理学、商业美学研究工作的专家，在山西太原举办了第一次广告学术座谈会。1983年12月，中国广告协会在北京成立，这是全国性的广告行业组织。1985年9月，中国对外贸易广告协会会刊《国际广告》杂志在上海创刊，为我国广告理论研究增添了力量。1987年5月13日，中国广告协会和中国对外经济贸易广告协会共同组织成国际广告协会中国分会。1987年6月16~20日，第三世界广告大会在北京人民大会堂举行。

| 改革开放后，中国广告业务蓬勃发展

在改革开放方针指导下，中国广告业务进入了一个蓬勃发展的新时期。这主要表现在，广告行业规模不断扩大，广告营业额大幅增加；广告媒介迅速发展；广告法规和广告管理体系初步形成，逐步专业化、科学化、现代化；广告教育和人才培养广开渠道，并初见成效；广告业的经营水平和服务态度也明显提升；开始推行广告代理制，使广告业逐步走向专业化；广告业新技术、新材料的开发应用取得初步成果。

广告媒介的发展：报纸、杂志、广播、电视、网络被誉为五大最佳媒介，在当今数字信息技术迅猛发展的背景下，电脑、手机、移动设备等终端已经成为人们接触信息的主要渠道，网络广告、手机广告、移动终端广告等大放异彩。

广告管理法规的发展：1982年2月6日国务院颁布《广告管理暂行条例》，这是我国第一部全国性、综合性的广告管理法规。此后五年间，它成为工商行政管理机关开展工作的基本依据。1987年10月26日，《广告管理条例》正式颁布，12月1日起实行。《广告管理条例》的颁布标志着我国广告管理法规的进一步健全和发展。1994年10月27日，第八届全国人民代表大会常务委员会第十次会议通过的《中华人民共和国广告法》，自1995年2月1日起施行。我国广告法的实施，标志着我国广告市场的法制化更进了一步，是我国广告发展的一个里程碑。2015年4月24日下午，广告法修订草案三审稿在全国人大常委会十四次会议表决通过。表决稿新增加了互联网广告方面的规定，规定了如未显著标明关闭标志，确保一键关闭的，将处五千元以上三万元以下的罚款等内容。2015年4月24日下午，十二届全国人大常委会表决通过新修订的《广告法》。新法明确规定，广告不得含有虚假或者引人误解的内容，不得欺骗、误导消费者；禁止在大众传播媒介或公共场所等发布烟草广告；禁止利用其他商品或服务的广告、公益广告，宣传烟草制品名称、商标等内容。

当今，各大报业正在努力转型，纷纷搭建数字媒体平台，如CCTV数字客户端、凤凰卫视客户端等，国内腾讯、网易、新浪等老牌门户类网站成为新的广告投放平台，腾讯开发的社交软件QQ、微信等已经成为人们生活、工作、交流的主要平台，也成为广告发布的新型主战场。

亚太著名广告赛事介绍

★ 时报广告奖

亚太地区具有广泛影响力的广告奖项。由台湾《中国时报》举办,至今已经进行了22届。历届评委均由台湾广告界最权威的人士担任,获奖作品大多成为台湾广告史上的经典作品,大多获奖者也都成为台湾广告业界的风云人物。1978年,台湾《中国时报》为庆祝出刊第10000号,创设"时报广告设计奖",评选报纸广告和杂志广告两类作品。自第3届(1980年)起,更名为"时报广告金像奖",更加注重作品全方位的表现。第11届(1988年)起,增加电视广告作品的评奖。1990年,创立"时报亚太广告奖",邀请亚太地区优秀广告作品和评委参加。

★ 中国广告长城奖

中国广告长城奖是中国国际广告节的核心赛事之一,被业界誉为"广告奖项之泰山"。奖项设置分为影视类、平面类、广播类、户外类、标识类、文案奖、全场大奖、最具慧眼广告主奖、烽火人气奖。按照类别和项目内容设金、银、铜以及入围奖。奖项以创意和制作为准绳,评选、奖励年度内公开发布过的商业广告作品,总结盘点年度内在创意与制作方面的卓越成果,昭示广告发展趋势,充分发挥广告奖项对行业发展的助推力量。

1.3 外国广告的发展

国外广告主要以英美为中心，随着活字印刷术的发明，广告媒介从口头叫卖转变为印刷媒介。总体来说，外国广告业发展分为四个时期。

原始广告时期：广告以口头叫卖为主要传播媒介，并逐渐向文字商标演变。

近代广告时期（1450~1850年）：公元1450年德国人古登堡发明金属活字印刷（图1-15、图1-16），印刷广告逐渐发展。

近代广告向现代广告的过渡（1850~1920年）：新技术广泛应用，广告形式多样化，世界广告中心由英国移向美国。

划时代的发展阶段（1920年之后）：1920年10月2日，第一家正式注册营运的美国西屋电器公司开办的KDKA广播电台。以报道美国总统竞选开始了正式的电台商业广告营业。1922年美国又一家商业无线广播电台WEAF正式开始商业广告广播，从此广告由近代进入了现代信息产业的发展时期。

1.3.1 以英国为中心的欧洲广告

印刷的可复制性与宗教宣传的需求，加速了广告的发展。除此之外，欧洲出现"新闻简报"，主要用来报道市场行情与商品信息。随着工业革命的到来，欧洲大部分国家都陆续定期印刷报刊。1666年，英国的《伦敦报》开辟专栏用来投放广告。广告进入现代发展阶段，正值欧美的自由资本主义向垄断资本主义发展。在此期间，电、内燃机等被发明，随着生产力的发展，各行各业对广告的需求增大，新技术在广告中得以广泛利用，特别是声光电的运用愈发成熟，如摄影与摄像被广泛运用，霓虹灯广告丰富了大街小巷的视觉效果。

图1-15 古登堡活字印刷机

图1-16 活字印版

第1章 广告设计概述

英国著名广告赛事介绍

★ 伦敦国际广告奖

伦敦国际广告奖于每年11月在英国伦敦开幕并颁奖。这项国际大奖自1985年正式创立以来,每年有近百个国家和地区参加,近年来报名作品均在万件以上,所有的获奖者均得到一座铜像。铜像为一个展翅欲习飞、企图飞跃自我的超现实主义的人类外形。1998年度中国内地作品首度闯入决赛。虽然颁奖安排在每年的11月,但所有参赛作品在6月即被要求送达组委会,再由组委会送往每一个评委手中独立评审。评委亦来自世界各地,不同的文化、不同的背景(包括创意大师、电影/电视导演、录音编导及制作专家等),但创意作为共同且唯一的评奖标准。

该比赛同时也为每一媒介的作品各设立了一项大奖。从获奖者中推选出的评奖主席将一票认定最终大奖的归宿。伦敦广告奖的分类最具特色,不仅在三大媒介(平面、影视、广播)项目上分类细致,而且在设计包装、技术制作上也划分详尽,充分体现该项评奖在创意概念、设计手法、技术制作等几方面齐头并重的特色。电视/电影类别产品类别涵盖28项,包括电影预告片都被列入。

1.3.2 现代广告中心——美国广告的发展

美国是世界上现代广告最发达的国家,每年世界广告费用总额中,美国都占50%左右。美国广告的发展是从近代报纸广告开始的。1704年4月24日,美国第一份刊登广告的报纸《波士顿新闻通讯》创刊。1841年,美国诞生了第一家广告公司。纽约是公认的世界广告中心。麦迪逊大街成为美国广告的象征。20世纪20年代是美国广告大发展的年代。美国商业广播电台创始于1920年,1922年电台开播广播业务。1941年创建电视台,50年代美国首创彩色电视,从而突破了印刷媒介统一天下的格局。随着广播、电视、电影、录像、卫星通讯、电子计算机技术的发明创造以及光导纤维技术的运用,广告传播实现了现代化。1923年,美国最大的广告公司——杨·罗比肯广告公司成立。重点要说明的是一战、二战期间美国广告的发展。在此期间,招贴广告成为信息传递的主流,《I want you》系列征兵广告令人记忆深刻(图1-17)。

图1-17 征兵广告

20世纪初,美国出现虚假广告,广告行业的杂志《印刷者油墨》聘请了一位律师帮助制定了一套广告法规,决定要对虚假广告和欺骗性广告施加惩罚,这就是美国广告联合会的前身——美国联合广告俱乐部,他们在1911年提出了"广告就是真实"的口号。美国的广告在发展演变过程中,不断在广告观念、广告手法和经营方式上进行革新,从而促使广告经营迈向现代化。40～50年代,是以美国罗瑟·瑞夫斯提出"USP独特的销售主张"为主要指导思想的广告发展阶段,60～70年代,美国进入了注重产品定位的"形象广告时代"。

美国广告公司的特点

形成了科学的组织及合理的分工;提高广告公司经营服务水平;走集团化、国际化的道路,开拓全球广告业务。

美国广告的程序

客户-广告公司-媒介单位-消费者-客户,即企业的广告部门或专职人员根据生产计划和目标市场,做出初步的广告预算,然后将广告工作委托给广告公司。广告公司为客户进行市场调查、广告策划,提出创作方案,帮助客户选择媒介。广告刊播后,广告公司还要为客户进行效果测定,提供反馈信息。这样就形成了一种有机的、密不可分的程序(以创意为中心,策划为辅导,全面进行营销服务)。

美国的广告媒介

报纸广告媒介:美国三大报纸《纽约时报》《华盛顿邮报》《洛杉矶时报》。

杂志广告媒介:美国四大国际性杂志《国家地理》《读者文摘》《时代》《新闻周刊》。

广播广告媒介:1922年8月,美国电话电报公司的纽约WEAF

电台，以100美元出售了10分钟时间给长岛一地产公司，开辟了美国无线电广播广告的先河。1929年，电台开创了以连续性的歌唱戏剧节目做广告的形式。这种节目专供白天在家的妇女欣赏，由于它多宣传肥皂等日常生活用品，于是便被冠以"肥皂剧"之名。

电视广告媒介：电视广告是美国广告活动中最重要的一部分，因为它几乎进入美国每一个家庭，拥有的观众比好莱坞影片还多。美国广播公司（ABC）、全国广播公司（NBC）、哥伦比亚广播公司（CBS）等三大广播电视网，控制着全国的广播电视网络。美国电视广告片的制作费用相当昂贵。随着电视技术的发展，卫星电视、闭路电视、家庭录像机大大普及，人们对节目的选择性越来越大。因此，电视广告必须要有高水平的创意，才能使人百看不厌，从而增强电视广告的魅力。

户外广告媒介：①平面广告牌、电动三面转动广告牌、立体模型广告牌。立体模型广告牌是把人物或物品的一部分突出广告牌面之外或附以立体模型，给人真实的感觉，画面立体感强。②电子显示广告，是用电脑控制，将广告图文输入程序，以多色的图形、文字从上到下或从左到右进行显示。③户外流动广告、霓虹灯广告、灯箱、标志广告、景物结合广告。除上述主要户外广告形式外，还有售货厅上的张贴广告和一些电影、戏剧海报广告等。

其他广告媒介：①邮戳广告。既有广告戳，又有宣传戳。其鼻祖分别是，1876年美国费城建城百年纪念的广告戳，以及同一年的为贾勒特和帕尔默公司开办的特快列车所做的标语式样的宣传戳，内容是"横越北美的特快列车"。②电影广告。电影被称为"隐蔽媒体"。其隐蔽性表现在广告内容可被完美的植入到影片当中。在电影银幕大、图像清晰、音响逼真、气氛热烈等视听优势下隐形地建立自己的品牌形象，推广广告理念，不易引起观众强烈的反感情绪。这种隐蔽性可以提升到国家形象建构的层面。③电话磁卡广告。主要分为四类，即邮政广告业务、外国商品广告、旅游宣传广告、企业标志及广告。

美国的广告管理

美国广告联合会（AAF）是最重要的行业自我管理机构。广告管理法规方面，美国最早的广告法案可以追溯到1911年通过的《普勒泰因克广告法草案》。美国政府重点管理以下几种广告违法行为，欺骗性价格广告；不实或虚假质量声称；引诱性广告：如果广告住刊登广告的目的是为了引诱消费者购买广告产品以外的产品，这种广告叫引诱性广告，它是违法的；不实证词广告：用名人的证词做广告，必须有事实根据，如缺乏合理依据则是违法广告；欺骗性表演：制作广告时，广告的表演不得弄虚作假和产生欺骗性效果。

美国著名广告赛事介绍

★ The One Show "金铅笔"

1920年，纽约艺术指导俱乐部与文案俱乐部成立并各自主办了有所偏重的广告奖项。到1974年，两个俱乐部把各自的广告奖结合，联合设立 One Show 奖。One Show 名称的意义，源于柯南道尔领导的创意革命中提出的艺术指导与文案一体化的概念。3年后，One Club 正式成立，独立主办 One Show 大奖。该赛事目前已经有80年的历史。在 One Show 奖项设立前，广告奖项一般都把重点放在视觉与文案上，但 One Club 向广告界宣称，将把创意作为一个作品是否有机会赢取 One Show "金铅笔"的主要标准。这种新颖的主张使 One Show 迅速从纽约最佳广告奖一跃成为全美乃至全球最佳广告奖项。1994年 One Show 创立了其教育部门并设立年度最佳学生作品展，1996年设置互动类广告奖项。1998年，One Show 互动奖被《广告时代》命名为世界最佳互动广告奖。2001年，The One Club 在纽约林肯艺术中心举办了 The One Show 广告节，并新增了 One Show 设计奖项。广告节活动包括三大展览（第七届 One Club 学生作品展、One Show 获奖作品展、欧洲优秀广告作品展）、两个颁奖典礼（The One Show 颁奖典礼和互动创意颁奖仪式）、一次竞赛（青年创意职业竞赛）。The One Show 广告奖作为一个世界性的广告奖项，除了在美国举办每年一度的广告节外，还邀请广告界顶级讲师远赴各国举办免费讲座，为广告事业发展做出了突出贡献（图1-18）。

图1-18 金铅笔创意奖

★ 克里奥广告奖

克里奥广告奖是世界上历史最悠久、规模最大的世界性广告大奖，汇集了来自全球各地的广告公司和专业制作工作室提交的一流创意作品。克里奥广告奖评委会由在本领域内享有盛名的国际专家组成。该广告奖最大特点就是看重原创作意图而非单单看意图的贯彻，依此准则择优而录。每年一度的克里奥广告奖颁奖典礼在美国纽约市举行。这一盛会是对当今世界广告作品的一次总巡视和检阅，也提供给人们观摩世界最优秀广告作品的机会。克里奥广告奖素有广告界"奥斯卡"之称。获奖作品将由每个国家和地区的克里奥奖代表组织赴世界38个国家和地区作巡回展览。1999年是克里奥广告奖史上首次在中华人民共和国国内举办获奖作品巡回展。在古希腊神话中，克里奥又称之谓"缪斯"，她是代表着掌管文艺、音乐、天文等的九女神之一。克里奥广告奖的辉煌历史验证了世人对"缪斯——克里奥女神"的推崇和向往，同时也充分反映出了克里奥广告奖在广告艺术世界里勇于推陈出新、推动世界广告发展的精神和使命。

★ 莫比广告奖

莫比广告奖创建于1971年，是全球5项最重要的广告大奖之一（全球5大广告奖项还包括纽约广告奖、戛纳广告奖、伦敦广告奖、克里奥广告奖）。其总部设在美国芝加哥。莫比奖的参赛者来自世界各国，每一届都有几十个国家数千件作品参加，其中既有全球性知名的跨国广告公司，也有一些地区性小型广告代理商。每年10月1日，参赛作品汇集芝加哥，12月中旬评选工作结束，转年2月举行全球瞩目的盛大颁奖仪式。随后，获奖作品在世界各地巡展，作为业界观摩共勉之用（图1-19）。

图1-19 莫比广告奖

★ "艾菲"广告效果奖

"艾菲"广告效果奖于1968年设立于美国，由美国市场营销协会举行颁奖大会，表彰当年度中按照预定目标获得优异成绩的广告公司。"艾菲"广告效果奖在广告／市场营销业中是最重要的奖项之一，因为它能够真正体现广告的效果。其宗旨认为，广告和相关的市场交流的目的是帮助营销者达到市场营销的目的，因此广告是通过帮助市场经营者达到他们的目标和广告在市场营销中的重要作用而获得承认的。参加效果奖评选的案例必须有明确的目标并提供达到或超过这些目标的材料。评审程序的基础是根据既定目标检查完成情况。参赛表格包括以下基本内容：分类、媒体、媒体预算、市场状况、广告受众、创意战略、媒体战略、成果。参赛案例类别一般包括消费品（食品、非食品）、奢侈品、耐用品、药品和服务类（盈利或非盈利）。

★ 纽约广告奖

纽约广告奖始创于1957年，当时这个全球竞争性的奖项主要是为非广播电视媒介的广告佳作而设。在此后的二十年间，这项大奖在全美的工业界与教育界取得了非凡的声誉。在20世纪70年代，新资源的加入又使其增添了电视、电影广告、电视节目和促销等诸多项目。国际广播广告、节目和促销竞赛项目开始于1982年；印刷广告、设计、摄影图片、图像项目开始于1984年；为了适应技术和科技的发展，全球互联网络奖项亦于1992年正式设立；对于健康关怀的全球奖项也于1994年加入大赛；1995年又添设了广告市场效果奖，以嘉勉那些创意精良且市场销售突出的广告活动。近年来每次大赛均有60个以上的国家携15000件以上的作品参加角逐。中国内地作品亦曾进入决赛。获奖殊荣——每年的6月广告节开幕并举行颁奖盛会，全球的广告精英们在此青梅煮酒论英雄。1990年纽约广告奖专门为联合国公共信息部门设立了联合国大奖，授予那些把联合国的宗旨及种种设想诠释得最为出色的公益广告作品。在纽约广告奖广告大赛中获得决赛资格的公益作品将自然成为这个荣誉的获得者。

1.3.3 法国广告业的发展

19 世纪 30 年代，法国巴黎就出现了广告代理商店。

法国通过举办众多的广告艺术节提高广告设计水平，不断推动广告业的进步，仅大型的评奖活动在法国就可达每月一次，比较著名的有：

广告片凯撒奖，专为广告导演设立（图1-20）。

图 1-20 法国凯撒奖

艺术指导俱乐部奖，是广告创作人员的专奖，也是巴黎广告制作圈内的最高荣誉奖。

戛纳国际广告节，由英国 SAWA 公司和法国 MEDIAVISION 联合主办，是世界广告界的最高国际盛会之一（图1-21）。

户外招贴广告大奖，是法国广告界年代最久、最负盛名的大奖之一。

图 1-21 戛纳国际广告节

法国著名广告赛事介绍

★ 戛纳国际广告节

从20世纪40年代末期起,国际电影节便在戛纳举行。1954年,受其启发,一群欧洲电影屏幕广告承包商意识到,影视广告制作人应享有与他们从事故事片拍摄的同行们相同的荣誉。因此,他们创办了国际电影广告节,最初在戛纳与威尼斯轮流举行,直到1984年戛纳成为其永久的举办地。随着行业的演变,由于电视成为比电影更重要的宣传媒介,电影广告已不再考虑其所依赖的媒体(电视或影院),而是依据技术标准进行判断。例如,根据广告片的时间长短,真人表演或动画片。然而,到了1967年,根据产品类别和服务将电影广告分成若干类型似乎更合适。这一结构不断更新,始终适应于新产品、服务和市场趋势。为了反映广告创意所采用的包括视听与印刷在内的多媒体方法,广告组织者们于1992年增加了比赛项目,欢迎报刊与招贴广告参赛。从1994年开始,年轻创意人比赛为新一代的广告创意人提供了大展拳脚的赛场。而在1998年,广告节又新增加了交互广告(网络与在线广告),于是网络狮奖诞生了。这就使广告节成为展示国际广告界最富创造性的作品的舞台。为了使节日期间报刊和招贴入围作品的展览以及5000余部影视广告的放映更为丰富多彩,广告节为代表们举办了一系列由一些国际著名公司组织的高水平研讨会。广告节于每年6月下旬举行,它对于广告人来讲,是学习世界广告杰作和充实自己的最佳时机。

1.4 广告的任务

公益广告主要是传递明确的主题，例如 CCTV 播放的"讲文明树新风"广告片，呼吁大家文明行为，传递正能量。商业广告的任务就是传达信息、树立品牌形象，用艺术的手法传达产品给人们带来的便利与生活中的建议，形成记忆度，促进销售。主要包括以下几方面。

准确传递广告主题

广告设计与绘画等艺术创作有所不同，后者注重表现，前者注重表达，有较强的综合性、交叉性、实用性、目的性等学科特征。广告设计从属于品牌推广的整体策略，在整体策划的框架下，准确传达广告主题信息是广告的首要任务。

企业品牌形象塑造

企业品牌形象塑造是个长期的、持续性、系统性的行为。广告贩卖的是产品背后带给消费者的便利，解决问题能力越强，则品牌形象越好。企业的品牌和形象决定了企业和产品在消费者心目中的地位，这一地位通常靠企业的实力和广告战略来塑造和维护。当前广告环境呈现出线上线下相结合的全方位立体形态，互动性与参与性极强，使其塑造力大大增强。

满足消费者的审美要求

广告传递一种生活方式和思维方式，有其精神内核存在，是设计者对产品理念的哲思性艺术表现。一幅主题明确、色彩和谐、形象生动的广告作品，能以其非同凡响的美感力量增强广告的感染力。可以说，广告设计是物质文化和生活方式的审美再创造，通过夸张、联想、象征、比喻、诙谐、幽默等手法对画面进行美化处理，使之符合人们的审美需求，激发消费者的审美情趣，有效地引导其在物质文化和生活方式上的消费观念。

促进销售

广告的最终目的是促进销售，平面广告一般可以直接到达消费者手中，其信息详细、具体，因此如购物指南、房产广告、商品信息等都可以引导消费者去购买产品。手机广告等则可以通过动态效果的影响，促使消费者消费。

树立国家形象

在国家层面，广告有利于树立一个国家的国际形象，如东道品牌创意集团设计的"G20 峰会"的整套形象设计，结合杭州城市特点，以"桥"为主要设计元素，提升国家形象和品牌形象，体现出一座有特色的城市的视觉秩序感。

1.5 广告的类型

广告分类方式有很多，无明确的界限之分，多种分法也呈现出交叉性。

值得注意的是，目前广告大赛的参赛类别及参赛要求对于我们理解广告的分类有很好的帮助。下面我们以全国大学生广告艺术大赛和美国金铅笔One Show创意奖的作品分类为例做简要介绍。

全国大学生广告艺术大赛的分类：平面类、广播类、视频类、互动类、动画类、策划类、营销创客类、公益类。

美国金铅笔One Show创意奖的作品分类紧跟潮流并且十分详细：2017 One Show国际创意奖分为15个单元设置，分别是设计（Design）、互动创意（Interactive）、娱乐营销（Branded Entertainment）、平面与户外（Print & Outdoor）、广播（Radio）、影片（Film）、直销营销（Direct）、跨平台创意（Cross-Platform）、移动端（Mobile）、社会化媒体（Social Media）、用户体验及用户界面（UX/UI）、可互动环境（Responsive Environments）、智慧资产类（Intellectual Property）、公共关系（Public Relations），并且新增专注于创意执行的动态影像设计技巧（Moving Image Craft）单元。

从以上分类可以看出，金铅笔创意奖非常注重时代感，注重网络、交互等媒介环境，线上线下结合非常紧密，"大广告"思维明显，具有智慧资产与产品模块等前瞻性奖项，非常值得借鉴。

思考题

① 科技发展对广告的影响表现在哪几个方面？
② 广告与生活之间有什么关联？
③ 一幅优秀的广告作品能带给人们什么？

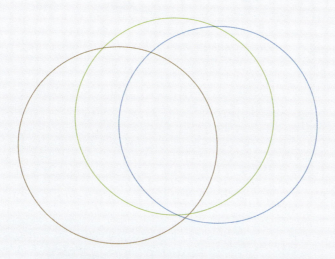

Chapter 2
第 2 章
广告设计的定位与流程

设计行为有一定的操作流程和规范，否则容易造成时间等成本的无序增加。本章节介绍广告设计的定位与流程，内容主要分为三个部分，即广告的市场定位、现代广告的策划与推广策略和广告的设计程序，并通过实际实例进行解析。

2.1 广告的定位

定位，可以理解为着力点、卖点、目标，即到底要完成什么样的任务。定位不准确，即使广告设计创意再好也难以产生正面效果。所以，定位准确与否关系到广告任务的成败。

广告的市场定位要求细分市场，根据市场需求来引导企业产品设计与生产，而市场不需要的产品则会被淘汰。广告的任务是围绕有效产品来推广，如果为过时产品等做广告，极易引起消费者的抵触行为。

在市场有需求的前提下，企业根据自身产品的功能而划定消费对象范围和目标，在细分的基础上有的放矢，可以准确地把握目标市场。由于受使用环境、经济基础、消费观念等多方面因素影响，任何企业的任何产品，都无法做到满足所有顾客的整体要求。通俗一点讲，细分的目的是缩小范围，便于瞄准。

目标市场是广告宣传有计划地进行传播活动的指定对象。品牌在创建之初是一个相对关键的时期，因为在后面的工作中，产品的所有广告投入都会按照当初的定位进行策划，因此在制定广告策略时必须依据企业目标市场的特点，来限定广告对象、广告目标、媒介选择、诉求重点和诉求方式等，在整体推广思维框架下，根据市场解析的调查结果，确定营销战略和战术，同时可以大致了解广告设计环节的应用环节（图2-1）。

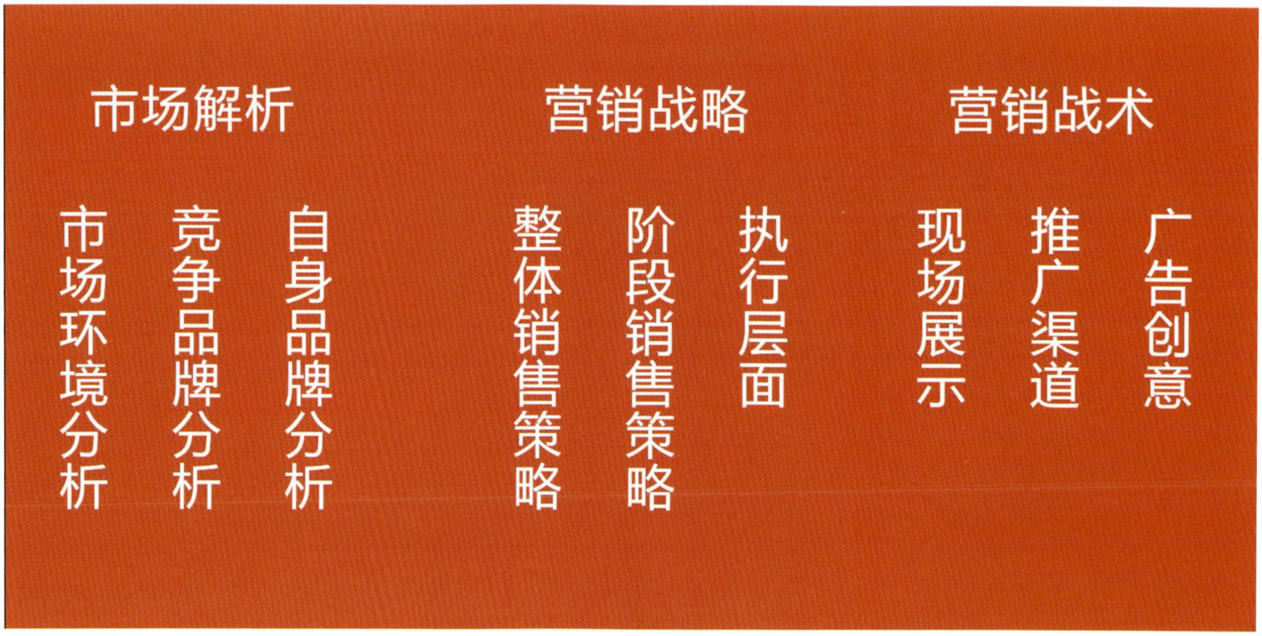

图2-1 *项目整体框架图*

市场解析	营销战略	营销战术
市场环境分析　竞争品牌分析　自身品牌分析	整体销售策略　阶段销售策略　执行层面	现场展示　推广渠道　广告创意

品牌定位是向受众明确表明其企业的名称、企业文化、品牌形象和品牌优势等,这些主要借助于企业形象识别系统(CIS)设计及有计划的广告策略。企业形象识别系统包括企业理念(MI)、企业行为(BI)、企业视觉(VI)三个系统设计。在VI部分又分为基础部分和应用部分。基础部分包括标准标志(标准图形、标准字体、标准色彩、标准组合、辅助图形等)、吉祥物等部分。企业标志经过注册后会受到法律保护,其产品一旦成为知名品牌就会给企业带来巨大的无形资产和影响力(图2-2)。应用部分内容涵盖很多,视具体项目需求而定(图2-3)。在教学阶段容易犯的错误是把标志到处复制粘贴到模板上,没有经过细致思考,不能体现出企业的个性需求。

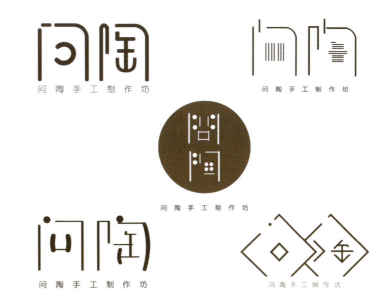

图 2-2 "问陶手工制作坊"标志设计方案

图 2-3 "问陶手工制作坊"CIS设计之办公用品设计

第2章 广告设计的定位与流程

图2-4 百事可乐标志

品牌定位的常规方法有以下几种。

① 在确定品牌性格的基础上设定标准图形与标准颜色。图形和颜色的情感语言能给消费者以强烈的暗示，通过在多种媒体上不断地重复展示企业标准色与产品性格，可在消费者的脑海中重复产生记忆与关联，形成强烈的记忆度。例如可口可乐的"形象色"为大红、百事可乐的"形象色"为蓝色、麦当劳的"形象色"为黄色等，这些品牌都已具备了强烈的视觉吸引力（图2-4、图2-5）。

图2-5 可口可乐标志

② 虚拟形象代言人。品牌的图形包装包括常见的卡通造型、辅助图形等，在广告中发挥"主角"的形象代言人作用，以主人公讲故事的形式诠释品牌形象，使消费者感同身受，迅速产生图形与产品本身的对应关系，有利于体现产品宣传的形象性和生动性，有明星代言所无法比拟的优势，并有一定的品牌专属性，如米其林的"轮胎人"（图2-6）。

图2-6 米其林的"轮胎人"

③ 品牌字体形象的表现。品牌的字体形象由于其可读性、标识性成为品牌定位的重要表现手法之一。将文字制作得具有突出效果，可以更容易被消费者记住，将其在产品包装、网站的界面、专卖店等线上线下进行各种展示，也有利于树立良好的品牌形象。例如，青岛"海，你好"主题餐厅和景德镇陶瓷品牌"埴道"的标志设计、包装设计等案例中字体形象的运用（图2-7～图2-11）。

图2-7　"海，你好"海洋主题餐厅标志设计

图2-8 景德镇"埴道"陶艺设计公司标志设计

到问陶是一种恬淡质朴的感觉，因为这里到处充斥着泥土的气息，能给人一种返璞归真的感觉。

宣 传

包 装

问陶坚持做好每一个细节，制作的陶器还可以作为礼品赠送给亲戚朋友，不同类型的陶器有不同的包装，拥有不同的韵味。

 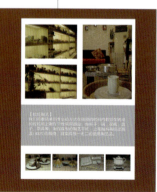

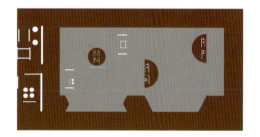

这是问陶的一系列宣传海报。

现在陶器除了其实用功能外，更多的是作为艺术品，传达制陶人的思想与感情。人们沉浸在淘吧里，一方面是孩童时的天性，另一方面通过亲手制作陶器来释放平时生活、工作带来的压力。

图 2-9 "问陶手工制作坊" CIS 设计之包装设计、宣传品设计

▼朴素温暖,亲近而不沉闷。

导视

系统

图 2-10 "问陶手工制作坊" CIS 设计之包装设计、宣传品设计

第2章 广告设计的定位与流程

艺术源于生活,创造改变未来。

新的表达方式,缩短了我们之间的距离,使得我们更加亲密。

APP

网页

网页是构成网站的基本元素,是承载各种站应用的平台。

网页同时也是交流的平台,使我们的生活更美好。

图2-11 "问陶手工制作坊"CIS设计之网页设计、APP设计

2.2 广告设计的一般流程：品牌医生的角色

调查阶段——诊断与确诊

设计是一种表达性行为，以解决企业或品牌所出现的问题为目的，其职业特征类似于"医生"，先要找出问题才能"对症下药"，设计行为才能有效实施，诊断失误或找不到问题都会导致不良后果。所以，调查是非常重要的基础阶段，是广告设计行为的开端。

一般情况下，较多的设计任务主题非常明确，调查阶段由专业公司负责执行，最终结果由甲方直接提供。针对甲方提供的调查结果，广告设计者与甲方充分沟通，并拟定设计内容细节，双方协商签订合同，明确时间点、细节、协作等内容。通过调查可以清晰地了解产品本身、产品目标消费市场与竞争者、目标消费群体概况、客户自身的情况、客户历史与品牌信息内容。"5W1H"模式是常用方法之一，贯穿项目整个过程（图2-12）。

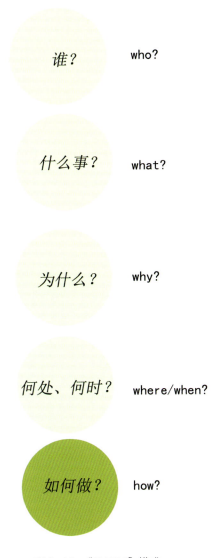

图2-12 "5W1H"模式

第2章 广告设计的定位与流程

广告设计阶段:"意→图"到"图→意"的闭合

核心立意:"意"是纲领,立意就是核心点、出发点、回归点。因此,构思立意是设计的第一步,而理念一向独立于设计之上。头脑风暴活动是常用有效的方法,具体的工作方法是,针对设计主题,各部分小组成员坐下来,根据自身工作特点与立场提出各自的想法并形成碰撞与融合,大家一起确立突破点,完成"立意"。在此过程中,表"意"的"图"元素已经在语言交流过程中大致形成,此时要注意换位思考,站到受众的角度去评判角度、思维等是否能新颖地传达特定信息,避免出现图不达意的现象,要知道"情理之中,意料之外"的创意最令人震撼。"图"确定之后,采用逆向思维方式倒推"意",如果"图能达意"则说明较为成功,"图不达意"则需要继续修改。

设计元素:设计元素相当于作品的构件。设计时,依据项目需求,合理运用图形、字体、声音、色彩等元素的有机组合,同时考虑媒介特征,以进行有效广告投放。每个元素服务于广告主题,传递核心信息。在广告设计过程中,设计元素的加减过程非常有必要,在前期思维创意阶段,想得越多越全面越好,这就是加法;但是在确定立意之后,就要以项目需求为标准综合考虑所有的创意点,把不合适的想法暂时放弃,缩小范围,此为减法。这其实是个过程,一开始要考虑方方面面,确定目标后要轻装上阵,正中靶心。例如平面广告中考虑到标题、内文、背景、色调、主体图形、留白、视觉中心,等等。在字体元素当中,对于字体和字型的选择和搭配是一个非常有讲究的美学判断过程,体现出设计师对广告主题的理解和自身的修养。在数字媒体时代,消费对象的形态特征、媒介选择、动态展示还是静态展示、广告投放环境等问题都作为设计元素需要被充分考量。

表现风格:画面风格有特色也是有效传递信息的重要因素。同样的创意点用不同风格表现,可能结果大相径庭。作品采用何种表现风格也是创意阶段的一个重要部分,风格同时又是一个设计师性格、喜好、阅历、修养的反映。

广告制作与投放阶段

在确定广告设计方案之后,进入广告制作阶段,媒介的选择非常重要(在设计过程已经考虑)。平面广告操作过程相对简单,摄影、灯光、文案、色彩、字体等可以按照进程安排。如果是动态广告等立体表现形式，则根据项目需求进行广告分镜绘制、拍摄、录音、后期制作等工序安排。如果是动漫广告则需要进行广告分镜绘制、角色设定、建模贴图动作、台词设置、录音、后期制作等内容。如果是网络广告、手机广告、游戏广告等，应依据项目需求制定工作计划，及时沟通并做相应修正，按计划完成制作。

媒介资源选择：依据项目需求和实际情况，选择有效的、适宜的媒介投放平台，如网络、电视、报刊、户外广告等，切忌高大上、盲目投放，这一部分在项目开始时就要考虑进去，在设计任务书中要明确说明。

在广告投放阶段，因为在设计与制作阶段已经充分考虑媒介特征因素，依据项目需求选取一种或多种媒介进行组合式投放，对于受众的形态特征进行充分研究，注重时间、表现方式等因素（此部分内容将在本书第3章中阐述）。

综上所述，广告设计基本流程有大致的步骤，但是在实际项目中需要灵活处理（图2-13）。

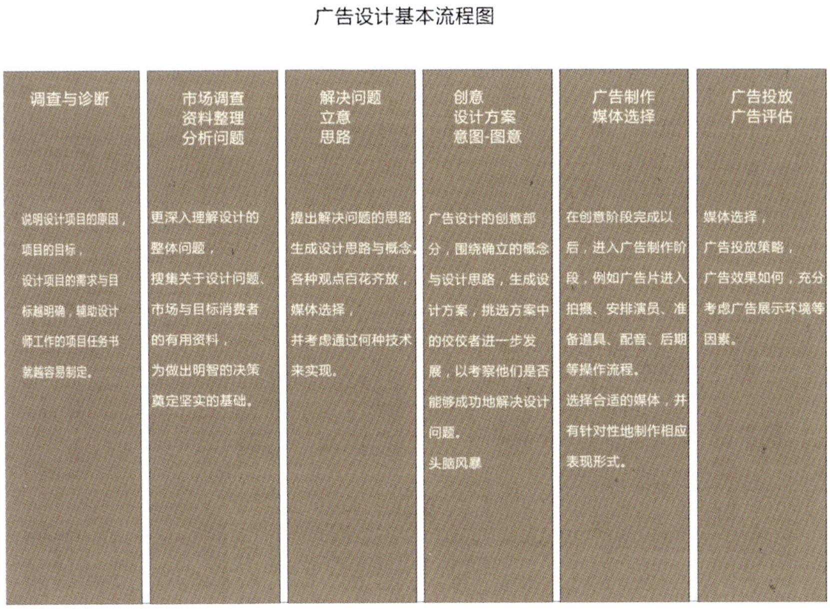

广告设计基本流程图

调查与诊断	市场调查 资料整理 分析问题	解决问题 立意 思路	创意 设计方案 意图-图意	广告制作 媒体选择	广告投放 广告评估
说明设计项目的原因，项目的目标，设计项目的需求与目标越明确，辅助设计师工作的项目任务书越善容易制定。	更深入理解设计的整体问题，搜集关于设计问题、市场与目标消费者的有用资料，为做出明智的决策奠定坚实的基础。	提出解决问题的思路生成设计思路与概念，各种观点百花齐放，媒体选择，并考虑通过何种技术来实现。	广告设计的创意部分，围绕确立的概念与设计思路，生成设计方案，挑选方案中的佼佼者进一步发展，以考察他们是否能够成功地解决设计问题。 头脑风暴	在创意阶段完成以后，进入广告制作阶段，例如广告片进入拍摄、安排演员、准备道具、配音、后期等操作流程。选择合适的媒体，并有针对性地制作相应表现形式。	媒体选择，广告投放策略，广告效果如何，充分考虑广告展示环境等因素。

图2-13 广告设计基本流程图

广告相关理论

整合营销传播：企业或品牌通过发展与协调战略传播活动，使自己借助各种媒体或其他接触方式与员工、顾客、利益相关者以及普通公众建立建设性的关系，从而建立和加强与它们之间的互利关系过程，使传播成为营销组合中的一个驱动性力量。

"新广告运动"：建立在对"推销主义"广告的批判或超越之上，扬弃以推销商品为特性的广告模式，它发扬了广告注重商业行为的合理性，抛弃广告单一商业行为的缺陷性，寻求广告商业行为与人文精神的教诲，既非常重视广告促进销售的作用，关切广告主的利益回报，又相当重视广告对人们消费生活、人文精神的引领，相当关注消费者的整体利益。

USP 理论（Unique Selling Proposition）：又称为"独特的销售主张"，由罗素·瑞夫斯首创，他指出科学的广告在创意表现过程中必须遵循 USP 原则，这是第一个被比较完整表述的"推销术"原则。要求，每一则广告必须向消费者说明购买这种产品能获得什么具体利益，而这种利益是独一无二、竞争对手无法做到的，所有诉求必须集中到一个点上，深刻打动消费者。

BI 理论（Brand Image）：又称为品牌形象论，创始人是大卫·奥格威。这一理论的重点是，广告最主要的目标是为了塑造品牌形象服务，任何一个广告都是对品牌的长期投资，广告活动应该以树立和保持品牌形象这种长期投资为基础，为维护一个良好的品牌形象，可以牺牲短期的经济利益，描绘品牌的形象比强调产品的具体功能特征更加重要。

定位理论：该理论由美国营销专家艾·莱斯和杰·屈特在 20 世纪 70 年代倡导。他的核心内容是希望通过广告宣传，为竞争中的产品树立一些便于记忆的新颖别致的东西，在消费者心中留下一个心理位置，这一理论主张下广告的目标应该是使某一品牌、形象在受众心里获得一个据点，广告宣传的火力应该集中瞄准在目标的狭窄通道上，创造出产品独有的位置，广告应该表现出品牌之间类的区别，而不完全是具体的功能利益，广告宣传应该促使有需求的消费者自动和广告品牌发生联系。

实体定位策略：主要在广告宣传中突出商品的新价值及强调与同类产品相比的不同之处而呈现出的利益点，并根据商品的质量、性能、用途、造型、价格、包装、服务等某一方面的独特性来定位。

观念定位：通过广告宣传，突出商品的新意义及附加价值，改变消费者的习惯心理，树立新的商品营销观念的广告定位方法，这种定位策略和方法分为逆向定位和是非定位两种。

讯息模式法：这一模式由建立在两个连续集团即思维与感觉、重要性的强与弱之上的"讯息模式"组成，它迫使创意者在创意时，使产品特征讯息与消费方式讯息相符。

AIDA 法则：Attention、Interest、Desire、Action 的缩写，是 1898 年美国人路易斯提出的广告法则。他认为，广告的说服功能是通过广告信息刺激受众而实现的，一个广告要引起人们的关注并取得预期的效果，必然要经历引起注意、产生兴趣、培养欲望和促成行动这样的过程才能达到目的。这一法则主要是从心理学的角度，从广告受众的心理活动过程的视角来探讨如何提高广告在营销过程中的效果问题。

AIDMA 法则：人们在 AIDA 法则的基础上加以补充，增加了信任（conviction）、记忆（memory）和满意（satisfaction）等内容，称为 AIDMA 法则，该法则从表面上看只是高度概括了广告受众的社会心理过程，实质上强调的是广告的最终目的是引起购买行为，因而被认为是推销商品的营销法则。

"需求与动机"理论：20 世纪 40 年代在美国流行的现代广告学理论，该理论从心理学的角度探讨广告通过刺激人的需求与动机进而达到促使人们购买商品的目的、方法与途径。这一理论在马斯洛的人的七个层次的需求理论的基础上，根据人们的心理需要强调广告要针对性的诉求，广告表现的主题应和人的需求相一致，广告应该向其目标受众推销或制造这些需求，通过刺激这种需求，不断深化目标受众的潜意识，使其一经遇到适当的条件即转化为购买动机和行为。

CI 理论：CI 即企业形象识别系统。CI 理论的要点是通过一系列的形象设计，将企业的经营理念、行为规范和视觉识别有序地传达给社会公众，并被社会公众认识、认同和内化的系统策略。作为这一系统策略的一个组成部分，广告的内容有了新的要求和主张，形成了广告创意理论中的 CI 理论。该理论要求，广告内容必须与 CI 战略所塑造的整体形象保持一致，CI 战略中的广告应注意延续和积累广告效果，广告应着眼于塑造公司的整体形象，而不仅是品牌形象。

思考题

❶ 阐述广告设计在品牌整体推广体系中的位置与作用。
❷ 分析 CIS 品牌形象设计理论在当今城市或者国家形象塑造中的应用。
❸ 针对城市的类型化与差异化之间的矛盾,你对城市形象个性的建立有何良策?

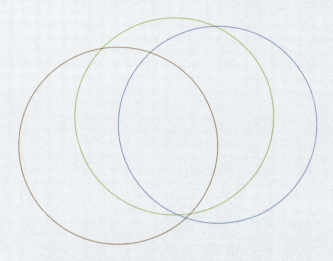

Chapter 3

第 3 章
媒介特征与选择

广告是一项综合性的行为,信息传递依赖不同的媒体,作为设计师要对媒介特征了如指掌,每种媒介都有其优势和劣势,根据项目需求来设定媒介。

3.1 数字与网络广告

数字与网络广告是广告界增长最快的版块。这种媒体因其可以给予品牌与消费者互动的机会而深受广告商认可。由于受到互联网广泛使用（网上购物、网络社交等）的推动，网络广告在全球范围内受欢迎的程度越来越高。图3-1～图3-3为"海，你好"海洋主题餐厅网页与iPad应用。

| 互动与用户生成内容

目前，大多数品牌将网络广告视为理想的媒体，并且借助这种媒体通过社交网站和博客与消费者建立关系，还有的品牌积极鼓励消费者参加产品开发或服务设计的竞赛，这样可以让品牌充分利用消费者的创造力，并且能让消费者觉得自己已经成为了品牌的一部分。

| 富媒体所带来的新挑战

在互动分享要求越来越高的今天，富媒体环境为广告创意人员通过使用真人实景、声效和动画元素等多种表现方式进行创意表达提供了机遇与挑战。线下环境是静态的，而线上环境则可以利用互动，通过对消费者有足够吸引力的创意方式来与消费者搭建对话，或者与消费者分享共同的体验。创意人员需要对使用的媒体有一个深刻的认识，同时也要明确这种媒体所具有的能力和面临的局限。

图3-1 "海，你好"海洋主题餐厅网页与iPad应用

广告设计

图3-2 "海,你好"海洋主题餐厅网页应用01

图3-3 "海,你好"海洋主题餐厅网页应用02

病毒式营销

在互联的信息模式下，信息的传播如同细胞感染的过程一样，我们每个人都处在一个系统当中，我们所分享、转发、随意闲谈中对某个产品所传达的有或没有目的性的评价等都会对朋友圈、工作场合等环境群体造成显性或隐性的评判干扰。在当今品牌推广过程中，很多品牌在社群化区域中树立意见领袖或代言人来替品牌说话，如同在微博、微信、公众号中通过树立关注度较高的博主、明星、形象大使等角色传递品牌信息一样。

病毒式营销一般看起来都不像真正的广告，主要是制造话题，或者表达自身看待问题、界定问题的思维视角，可以融合娱乐元素、生活哲学等引人深思的元素，进行植入式信息传递，其并非当前普遍存在的强制性灌输信息的方式，信息平民化、通俗化的特征非常明显。

数字与网络广告优劣势分析

优势：

①高度的互动性，以一种更为直接的方式与目标受众进行沟通和互动。

受众群体大都是年轻一代，是生活在各种电子设备中的一代，容易接受新事物，热衷于标榜个性。

②播放时间无限制，只要不断电、不断网，24小时可以随时收看。

③"内容决定人气"，观众关注较高的"内容"可以在短时间内点击量激增，并且个人可以发表观点，如酒鬼酒的"塑化剂事件"对品牌造成很大的影响，因为观看者会将广告信息转发给自己认识的人进行互动，产生病毒效应。

④表现手法灵活多样。动画元素或者是影片可以轻而易举地融入到网络广告当中去，这样就给予广告人员更多的创意灵活性。用户生成内容（UGC）可以生成所有类型的材料（包括对于产品或者品牌的反馈），比如用户可以通过自己制作的影片来展示其创造能力，进而通过这种方式与广告商推出的网络广告进行互动。

劣势：

①广告的真实性、公平性、健康性等难以实现。当前生成影像的手段多样，影像打破了"眼见为实"的规则，而唯美的图像可能传递虚假信息，也导致诈骗广告屡禁不止。

②广告的受众有一定的局限性。目前国内老年人使用的手机功能相对较少，多局限于通话模块，由于生理、职业、新生物接受情况等条件限制，老年人在娱乐、生活、交通、互动等模块的参与度相对较低。

③信息发布缺乏理性。有些评论缺乏责任心，存在侥幸心理，在网络上无理、恶意的评论变得简单而不会被追责。在此状态下，破坏性的言论会迅速传播甚至形成产业链，造成不良后果。

3.2 环境型广告与游击式广告

环境型广告

环境型广告可以理解为 CIS 企业形象识别系统中的应用部分,是我们在自己所处的环境中会遇到的广告,最好的环境型宣传活动会将媒体置于沟通交流过程的中心,而采取的方法通常都不会循规蹈矩,但却和广告信息息息相关。最早出现的环境型媒体包括小旅馆或酒吧里的啤酒杯垫、出租车车身、加油站燃油泵的喷嘴。这些功能性的物品在人们的生活中非常普遍,难以让消费者觉得反感。环境型媒体真正优势在于它们能够出乎消费者意料,可以在消费者觉得最不可能看到广告的时候将广告信息传递给他们。

此外,作为个体的我们本身也可以成为广告信息的载体,例如穿着某品牌的服装等。如图 3-4 所示,"海,你好"海洋主题餐厅将广告融入餐具设计、工作人员围裙、菜品视觉设计等。图 3-5 展示了"海,你好"主题餐厅的用餐环境、宣传品、店面设计等内容。图 3-6 是"海,你好"主题餐厅中的餐垫、菜单等广告。

图 3-4 "海,你好"海洋主题餐厅环境型广告 01

图 3-5 "海,你好"海洋主题餐厅环境型广告 02

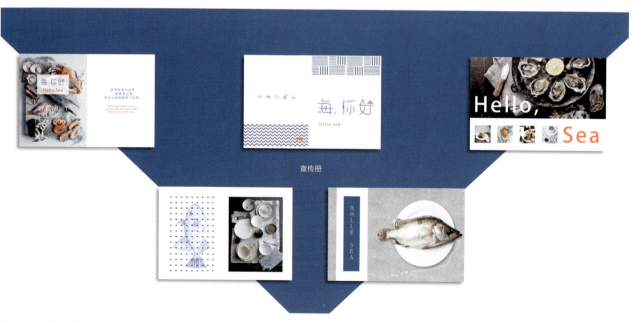

图 3-6 "海,你好"海洋主题餐厅环境型广告 03

游击式广告

"游击式广告营销"最初由杰伊·康拉德·莱文森（Jay Conrad Levinson）提出，其强调的重点是如何有效及巧妙地通过使用广告媒体从创意程度上制造"事件"并形成"新闻"。游击式广告出奇制胜，以一种出人意料而又令人耳目一新的方式让受众参与进来，好玩有趣，引起受众思考，并让人将其与产品联系起来。如图3-7中阿迪达斯广告所示，将摩天轮的形态与守门员的球员特征进行结合，形同千手观音，体现了防守强度，巧妙地传递了企业理念。图3-8《美轮美奂的帽子》广告，高大上的广告牌给人以视觉冲击，广告牌顶部如同为模特们量身定做的帽子一样，给人一种独具风格的视觉感受。再如图3-9Nationwide insurance保险公司广告，通过极富视觉冲击力的图形与色彩，说明灾难总是在无意中瞬间发生，无法预知，以此来说明保险公司的重要性。

图3-7 阿迪达斯广告

图3-8 《美轮美奂的帽子》广告

图 3-9 Nationwide insurance 保险公司广告

3.3 报纸与杂志广告

作为印刷媒介的代表

报纸与杂志广告是广告发展的一个重要阶段，是纸媒时代受众接受信息的重要来源，当前因为数字媒体的蓬勃发展而处于式微状态，该媒体常常采用引人注意的大标题加上富有创意的图像吸引读者注意力，并引导受众完成对广告正文的阅读，后期随着激光照排和彩色胶印技术等印刷技术的提高，报刊广告也进入真正的"读图时代"，印刷精美、设计感强的彩页成为主流。随着数字技术的发展，纸质版报纸和杂志等传统媒体在即时性、互动性等方面的劣势越来越明显，基本上被电子报、手机终端等信息渠道替代。图3-10为澳大利亚邮政局广告，其创意独特，视觉效果很棒。图3-11是山东省国际广告有限公司为阳光大嫂家政服务公司设计的《阳光大嫂家政服务——火炬篇》广告，创意独特，视角新颖。

图3-10 澳大利亚邮政局广告

图 3-11 《阳光大嫂家政服务——火炬篇》平面广告

报纸与杂志广告的现状分析

当前,报刊等平面广告表现手法比较单一,受众群体急剧缩减,主要靠图形说话,为静态展示,缺乏趣味性、互动性与参与性。电视广告、网络广告等表现形式因融合动感、声音等元素,画面感丰富且具有吸引力。

报刊广告的时效性不如当今网络媒体,报刊广告需要经过文字编辑、校稿、排版、印刷等流程,当天晚上的新闻要到第二天才能知晓。同时,报纸上总是充斥其他干扰因素(其他广告、编辑作品、故事和图片等),严重阻碍与读者沟通交流的机会。网络如此发达,上一秒发生的事情,下一秒大家都已知晓,然后被后续的下一条信息所覆盖。此说法虽有些夸张,但在"下一条、下一条"的更新的状态下,报刊广告的确不占任何优势。

报纸的寿命较短,使用周期短,属于一次性阅读,读者在翻阅一遍报纸后,还未仔细阅读广告,大多就将报纸搁置一边,并且报纸广告与读者接触时间相对较短,当天的报纸到第二天就成为了历史。杂志相对较好,还可以转送他人阅读或二次阅读。

3.4 广播广告

靠耳朵接收信息的非视觉性媒体

广播是通过无线电波或金属导线，用电波向大众传播信息、提供服务和娱乐的大众传播媒体。20世纪初叶，电波媒体的出现，带来了广告制作与传播技术的一系列革新，并赋予广告新的内涵。在电视没有发展普及之前，广播是非常时尚的信息接收方式。听众随身携带一块半导体收音机，可以工作与收听广播两不误。广播广告声色并茂，由于不借助任何视觉元素或者移动图像，广播广告的遣词造句以及语气语调都会让听众在脑海中产生相关的联系和参考，留给听众足够的想象空间。

当前，广播类广告主要在交通出行、工作时间等时间段比较流行，例如出租车司机在工作的同时有选择性地收听自己喜欢的节目。整体来说，广播拥有相对固定的听众群体，相对固定的时间、固定的频道，娱乐性节目比较受听众喜欢。整体来讲，广播的受众比较稳定，收听率下降，广告效果不甚理想。

广播广告优劣势分析

优势：

① 区域针对性较强，目前广播以地方广播电台为主，新闻等节目内容也是以地方内容为主，并在固定时间段转播中国人民广播电台等节目。在当地广播站播放广告，可以让广告人员更好地针对当地的地域特征锁定固定听众。

② 播放时间和制作过程成本都相对较低。需求者可以购买一天中的不同播放时段来锁定不同听众。如商务人士上下班开车在路上的时间段，往往选择收听广播，因为这时他们有可能既不能看电视也不能阅读刊物，最大的前提是不能玩手机。

③ 广播相对而言是一种比较私密、也比较具有话题性的媒体，这样听众就可以一边听广播，一边在自己的脑海中构建图像。例如中央人民广播电台的央广新闻栏目，在下午下班高峰时间段收听率相当高。

劣势：

① 除了早餐时间的节目，单个广播站的听众与其他媒体（如电视）的受众比数量较低。

② 多次重复容易引起听众的厌烦心理，造成适得其反的效果。

3.5 影视广告

| 影视广告的现状

影视广告即电影、电视广告影片，英文简写为"CF"（Commercial Film），原意是使用电影胶片拍摄的广告片，即电影广告片。影视广告片既有电影广告，又有电视广告，它们之间可以通过胶转磁或磁转胶等技术手段进行播放介质的转换，所以它们既可以在电影银幕上播放，也可以在电视机上播放。

影视广告片广泛用于企业形象宣传、产品推广，具有广泛的社会接受度。这是一种直接、主动、精确、有效的推广方法（图3-12、图3-13）。

图3-12 "天友-希腊神话酸奶"广告分镜

影视广告的优劣

优势：

① 从某些方面来讲，"电视是普及了的电影"，动态影像与声音完美结合，声色俱佳，诉求力强，叙事感强，可以以故事的形式展开，营造真实的情景，通过多种灵活的表现形式，传递大量信息，引起观众共鸣。

② 收视率高，国家级电视台和地方性电视台覆盖率较高，在Web3.0之前，电视媒体拥有相当高的收视率。数字电视有上百个频道，广告商可以在针对受众比较稳定的专业频道投放广告。

劣势：

① 电视广告制作成本高，作业周期长，从创意构思到制作播放，需要很长时间。

② 广告时长30秒左右，这对剧本有严格的要求，信息量有限，而且不能反复播放，不易提高记忆度。

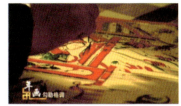

图3-13 中央电视台春节公益广告分镜

3.6 海报与招贴

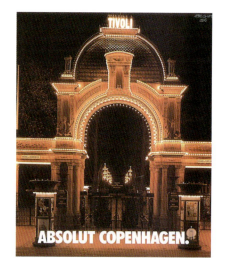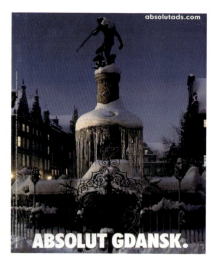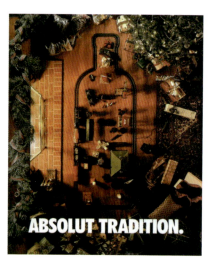

图3-14 Absolut伏特加招贴系列作品（01~04）

与时俱进的海报与招贴

该类媒体在公共场合易吸引观众注意，效果立竿见影而且成本较低，往往通过为短小精悍的广告词（具备让人会心一笑的智慧）、极具视觉冲击力的视觉图像，进行简单而强烈的信息传递。在当前数字技术的环境下，数字与互动性海报也非常普遍，往往与电影以及声效综合使用，创造新的形式来向路人传递信息或进行互动（图3-14）。

海报优劣势分析

优势：

① 海报依据发布平台的要求制作不同的尺寸，使用不同的形状，且二维或三维表现均可，这样创意团队就有很多创意机会可以加以利用。

② 受众在一天的时间里可能经过海报投放地点数次，会反复看到海报刊登的信息。

劣势：

① 手机媒体的黏性让人变成低头一族，人们往往对海报无暇顾及。

② 广告投放地点有可能受到破坏，或者海报被画满涂鸦。而且，建筑立面的各种炫目的广告招牌（甚至是很繁乱的城市街道立面）等都是影响海报视觉效果的因素。租投放地点的开支可能不小，尤其是投放海报广告的黄金地段成本较高。

3.7 DM 广告（直邮广告）

DM 广告的过去与现在

DM 广告是非常普遍的一种方式，也是早期的一种形式，通过直接给相关顾客投递邮件或发送电子邮件的方式精准传递信息，是精准营销的方式之一。目前此种方式相对传统，处于"撒大网、碰运气"的状态，随着数据库越来越完善，人们对电子信息的干扰防备心越来越强，此种方式效率会越来越差。而且，数据库更新速度不够、传递的信息与信息接受者关联不大、整个沟通交流对接收人来说没有任何吸引力，这几种情况容易导致广告宣传以失败告终。

目前，此种方式主要根据会员信息或购买记录等内容向受众推送大量信息，效率一般，例如超市通过借助会员卡来给客户发送信息。纸质信封邮递或电子邮件中往往包含一份有很多大字标题和附录的内容，并提供副券、网址或电话号码等购买链接渠道，达到信息推送的目的。如果广告宣传活动中将直接邮寄与媒体组合，可以很大限度地发挥推广作用。

DM 广告优劣势分析

优势：

① 精准度较高，按照客户的兴趣爱好量身定制，照顾到客户的个人喜好。

② 公司可以使用直接邮寄的方式直接向客户销售自己的产品或服务，这就避免了使用零售商和中间商，也意味着客户会得到性价比更高的产品或服务。

劣势：

① 随着接收信息方式的数字化，在很多人眼里直接邮寄都是"垃圾邮寄"，即使邮件非常重要并且关联密切。

② 易造成大量的资源浪费，一方面印刷会导致环保性不足，另一方面，公司发出的邮件 90% 都有可能被丢进垃圾桶，直接邮寄的大部分预算都被浪费了。

③ 广告过程与评估无法追踪，想要衡量直接邮寄宣传活动如何影响消费者对于某个品牌的意识和态度是非常困难的。

④ 相关配送问题通常会给顾客带来非常糟糕的客户体验，所以通过直接邮寄销售产品或服务的公司一定要确保自身建立了完善的体系来保证及时履行订单。

思考题

① 注意不同媒介之间的组合运用。
② 媒介与地域特征之间的关联。
③ 如何进行传统媒体的创新设计?

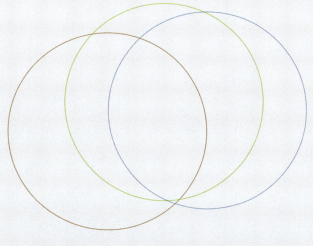

Chapter 4

第 4 章
广告创意

创意是广告成功与否的关键，本章主要从广告创意的原则与方法、广告的构成要素、广告中的色彩三个方面来进行解析。

4.1 广告创意的原则与方法

4.1.1 创意创意创意

创意，从字面意义上讲，"创"就是创造、创新的意思，而"意"就是意思、意想、意境。广告创意的大意是以一种创造性的思维解决所面对的问题，突破常规，超越自我，用新颖的方式提供解决问题的参考。

在这个过程中，碰撞的结果可能是一幅耳目一新的平面广告画面、一句朗朗上口的广告词、一个意想不到的视角、一个富有哲理的生活观念或概念等，这些依据项目需求而有所不同。创意是一个过程，是在积累基础上的升华，是在苦思冥想后的顿悟。它并不神秘，不一定要有轰轰烈烈的大手笔，有时一个局部的改变、一个角度的变化、一个文字的变化、特定场合里一句平常的话语都是一个经典的创意。每个人都有自己独特的思维，对于同一个主题设计广告可以产生不同的创意。创意的水平与个人的生活

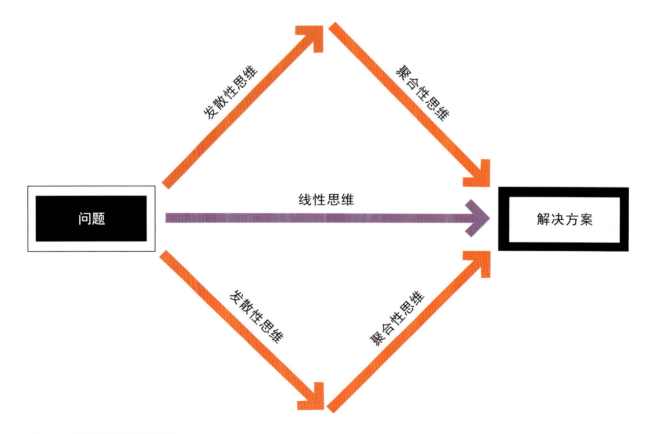

图 4-1 发散性思维与线性思维

经历、教育背景有很大关系。

创意来源于对生活的观察和积累，设计师是生活中的体验师，对于生活中的旧元素，他们往往可以在新的理念下焕发其新生命，改变旧事物固有的某些特征和性质，在更新完善的变化过程中使其产生新的思想含义，从而体现出新的创造价值来。

尤其是生活中的细节，我们常常由于习惯而视而不见，但有可能它们就是解决问题的关键。

创意还依赖于知识的累积。博览群书有助于开阔眼界、拓宽思维，通过借鉴历史文化、传统艺术的精髓，在此基础上进行再创造，可以得到具有丰富内涵、特定文化的创意。

广告创意思维的两种方式，即发散性思维和聚合性思维，两种思维方式互为补充。

发散性思维：从不同的方式入手审视问题，从而寻求不同的解决方案，要求"跳出思维框架看问题"，突破常规，质疑一切。此种思维方式天马行空，会在脑海中浮现各种各样的想法，需要注意的是，我们有时会因得到一个令人欣喜的"好点子"而迷失方向，忘记当初的创意目标。因而，发散性思维需要聚合思维进行完善。

聚合性思维：把注意力集中创意问题上，重新审视自己借助发散性思维所获得的想法和理念，看看哪些想法可以用，哪些想法需要修改才能用（图4-1）。

4.1.2 广告创意原则

索克萨斯曾说："在进行设计的时候，是否存在这样的关键点——它能帮助人们以某种方式生活，我的意思是以某种方式帮助人们认识并解放自己。"他突出了广告在传递产品信息时，给予人们关于生活的建议，强调用整体思维看待整个广告设计行为，从中可以体会广告创意的原则大致分为以下五个方面。

异：突破常规，视角新颖，个性突出，做到"情理之中，意料之外"。

艺：要有艺术的表现手法，广告是美的，是发人深省的。

议：对生活提供建议，即产品存在的意义，这也是企业社会责任形象塑造的一部分。

忆：让消费者形成记忆度。

益：丰厚的经济效益。

如图4-2所示，国安DDB（北京）广告传媒为神州数码有限公司设计的《GATEWAY 电脑——眼球篇》，以小见大，视觉冲击力强，视角新颖，形成了很好的品牌识别度。图4-3《加乐活——

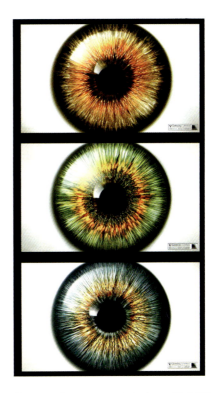

图4-2 《GATEWAY 电脑——眼球篇》广告设计

第4章 广告创意

图 4-3 《加乐活——乐器篇》

图 4-4 《加乐活——电池篇》　　图 4-5 洁婷产品广告

999陪我走过四季

系列之一

999陪我走过每一天

系列之二

图 4-6 《999 感冒灵》系列广告

乐器篇》、图 4-4《加乐活——电池篇》，用乐器来体现产品功效，创意尚可，执行层面稍显青涩，趣味性有待提高。图 4-5 中的洁婷产品广告所示，用蝴蝶在花丛中飞来飞去的感觉阐释产品功能。

创意的重要性无可替代，设计师的苦苦冥思，只为那灵光乍现，而将问题与答案融合之时，前期所有的困惑与不通瞬间畅通无阻，合题性、独创性、新颖性、好玩等广告创意所追求的优点瞬间组合到位，这也奠定了广告设计成功的基础。如图 4-6 所示，《999 感冒灵》平面广告以不同时间和季节为出发点，诠释产品功效，独具创意性。

4.1.3 广告创意方法

| 思维导图

这种方式由东尼·博赞（Tony Buzan）提出，是以一个关键词语或关键概念为中心，然后以此为起点发散出一系列的相关想法，这些想法的分布方式就像树权上生出的树枝，树枝又继续生长出树枝一样，此种方法给设计者以更广阔的视野来看待相互关联的主题和想法。在广告设计过程中的运用是以广告主题核心为中心，将所有关联的元素进行放射性或树状结构进行发散，找寻其中的

第4章 广告创意

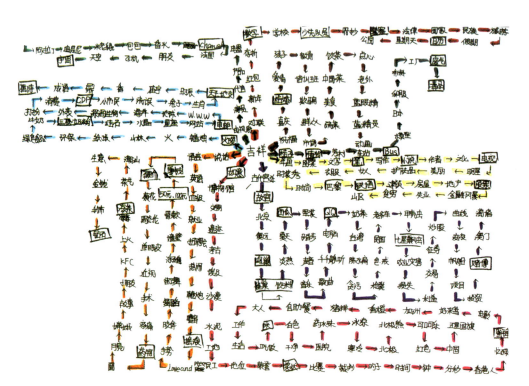

图 4-7 思维导图训练

关联。图4-7所示的是，以和谐、吉祥为出发点进行联想，用文字或图形表达思维发散的整个过程。

头脑风暴

此方法由亚历克斯·F·奥斯本（Alex F.Osborn）提出，他首先创建一个问题清单，目的是在已有的基础上得到新的想法，以借助此方法深化自己的想法。问题清单依据项目特点进行设定，例如针对产品特性提出问题：产品是否还有其他用途、产品能不能放大或缩小、产品能不能被替代、产品能否在不同环境下使用，等等。

目前，头脑风暴常用的方式是在休闲的状态下，团队成员分享自己的所有想法，集思广益，通过回答一个个问题，不断深化思维。在创意的过程中，会经常出现一些不成熟、荒诞不经甚至跟项目毫不相关的想法，不要全盘否定，要重新审视这些想法的可取之处，通过即兴互动发现亮点。

图片故事与填空游戏

具体方法是，设定一个抽象的图形或者填空题，请每个人说出自己的第一感觉，并且不能重复，重复者需要重新答题，设定固定的时间，如果超过时间尚未答题者，需要接受一定的惩罚，

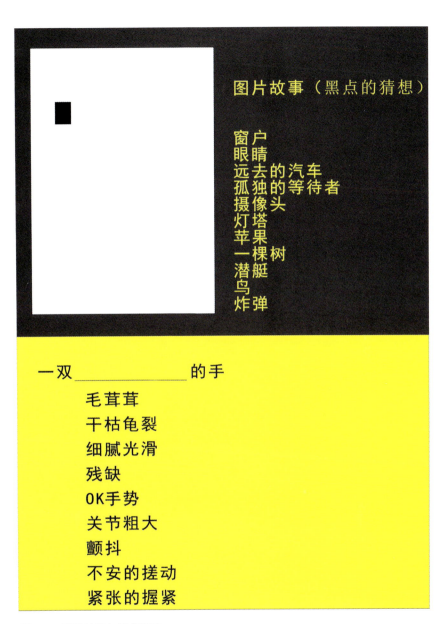

图4-8 图片故事与填空游戏

比如讲一个感人的故事或者表演节目等（图4-8）。

语义方法

由"意"到"图"

幽默：别出心裁的幽默诙谐可以增加广告的趣味性，表现形式新颖，元素组合巧妙，增加故事延展的可能性，达到使人"会心一笑"的效果（图4-9）。

夸张与对比：夸张与对比手法通过体量、速度、曲直、刚柔、比例等属性表现事物的差异性，将事物并置产生差异，突显产品的优势，从而直达广告主题（图4-10）。

拟人：将事物赋予人的特性，具有人的动作、表情、情感、思维、关注点等，易于消费者接受与理解。

联想与比喻：包括同类联想或异质联想，是将与广告所要表达的信息，在同类事物或不同事物之间寻找它们的共性因素，然后把这些共性因素加以整合，通过设计人员的联想和比喻，表达新的意义和功能，以此打动受众。明喻与暗喻是常用的修辞方法，例如"像柠檬一样清新"（明喻），"大地母亲"（暗喻）。使用联想与比喻会让我们的表达方式更为生动，有助于突出我们想要强调的某个方面（图4-11）。

主体与背景：背景的职责就

图4-9 《娃哈哈C驱动》龟虎赛跑篇

图4-10 《娃哈哈C驱动》越喝越瘦篇

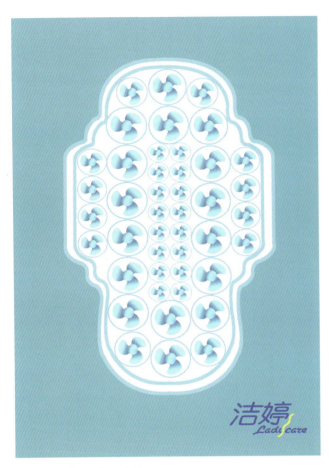

图4-11 《洁婷》风扇篇

图4-12 《花儿旅行》广告

是突出主体，用类似的事物或相反的事物做陪衬，即通过顺向思维或逆向思维的衬托手法，可以很好地表现广告主题（图4-12）。

悬念：根据广告主题设计故事情节（有一定区域共识的神话典故、民间寓言、科幻故事等）中的悬念，可以引起观众的好奇心理，使其动脑思考并主动找寻答案，增强观众的参与性。有创意的表现不但使观者的期待心理得到满足，还能够加深观者的印象，新加坡Saatchi&Saatchi广告有限公司为乐高玩具设计的广告以一堆积木和特定场景相结合，激发观众好奇心（图4-13）。

图4-13 乐高玩具广告

4.2 广告的构成要素

4.2.1 广告中的图形——形新意美

图形是重要的视觉元素,是传递信息的视觉部分(视频类广告的听觉部分非常重要)。广告是由"意"到"图",再由"图"到"意"的过程,要求形要新,意要美,不落俗套。马泉老师在其《广告图形创意》中将广告设计称为意象设计,以"意"生"象",再以"象"表"意"。图形绝不是对"意"的简单描述,是一种升华和提取,是一种再创造的过程广告传递的过程中,听众通过视觉感受和体验,结合自身的心理印象和经验认识形成某种判断力。根据传递信息的途径,图形可分为直接图形和间接图形,直接图形传达信息直观,而间接图形传递信息有暗示、反语等特征。

图形的基本要求

符合广告主题——准确性;
有视觉吸引力——视觉美感;
能被阅读和解码——信息传递。

图形的创意方法

同构图形:刘巨德先生说,"同构是一种保持信息的交换"。将不同性质的物象进行组合,对元素进行创意性合成,能够生发出全新物象,带来"情理之中,意料之外"的感动,耐人寻味。

异形同构:关键词是"形",两种形态的组合,会生成新意。如同蒙太奇式镜头的剪接与组合,

图4-14 JEEP汽车广告

意味深长。图4-14，JEEP广告将钥匙与山峰两种不同物质进行组合，表现汽车适应山路的特性。

异质同构：关键词是"质"，将一种物质的属性与另一个具有特定含义的物质共生，有些像材质贴图，传递物体形态背后的含义。如图4-15所示，中国广告节获奖作品"浓缩就是精华，助你一臂之力"玉米粥广告是将玉米的材质与哑铃结合，表现玉米粥的助力作用。图4-16是广东省广告股份有限公司为四川水井坊设计的平面广告，将酒水的质感与楼、桥、月亮门三个造型进行结合，突出产品品位。图4-17所示的广告，突出了娃哈哈饮料给人一种像是进了游乐场一样刺激的感受。

图4-15 "浓缩就是精华，助你一臂之力"玉米粥广告

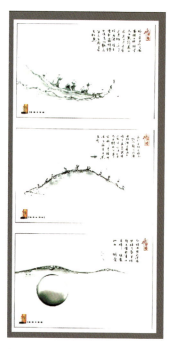

图4-16 四川水井坊系列广告

图4-17 《娃哈哈C驱动》游乐场篇

替换图形：客观世界中每一个事物都有其自身的系统，有直观的整体性。而根据广告主题将局部替换并生成表达主题的图形，会给人以出乎意料的视觉感受。替换的新局部与整体有一种内在的联系，都与主题相关，并组合出新意（图 4-18～图 4-21）。

图 4-18 《DEW》啤酒广告

图 4-19 大师作品《禁烟广告－拯救生命》

图 4-20 《网状人生》迷失篇

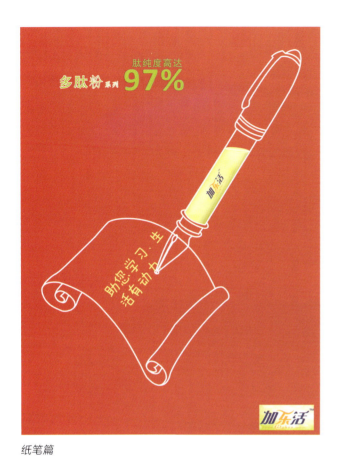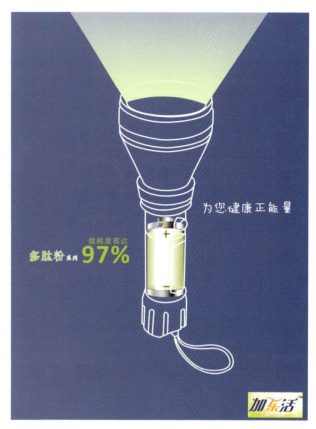

纸笔篇　　　　　　　　　　　　　　　　　　　　　　　　　电筒篇

图 4-21 加乐活产品广告

双关图形：如同"一语双关"，此为"一形双关"，即一个形态兼具两种含义，各有各的立场，各有各的角度，两种图形可以表达线性递进关系，可以表达因果关系，也可以是针锋相对的矛盾关系（图4-22）。

正负图形：通常人们将白纸上的图形认为是实空间（正），将图形以外的部分作为虚空间（负），二者相辅相成，有内在的联系。如果将二者相互转换，即正形的边缘与外部空间形成另一个图形，有时可以更好地服务主题。正如中国画理论中的虚实、留白等，正负图形也是值得研究的学问（图4-23~图4-26）。

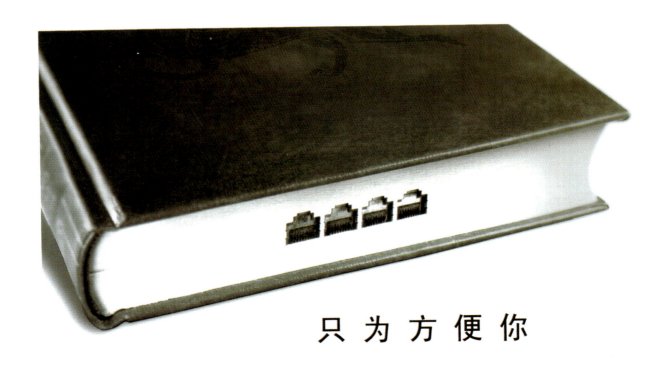

图4-22 《书魂》广告设计

图 4-23 《四川的希望》/ 格茨·格拉姆立克

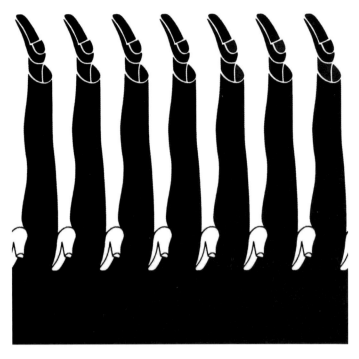

图 4-24 《日本百货公司》海报 / 福田繁雄

图 4-25 《罗密欧与朱丽叶》/ 兰尼·索曼斯

异影图形：正是由于光线人们才看到形体，形体反射光线，会产生影子，形与影不可分离。"形"与"影"的自然衔接可以表达主题。"形"与"影"之间的关系多变，根据主题需要可以表达因果关系、渐变关系、时间关系等。光源的位置决定画面光影关系的角度，空间特征也是重要的影响因素。如图 4-27 所示的《NO FUR! NO KILL!》反皮草海报，通过与女性外表光鲜的皮大衣形成强烈对比的动物的影子，反映出人类残酷的杀戮行为。

图 4-26 《未来》，2011 年 NEW "FORM" 国际平面设计邀请展作品

图 4-27 《NO FUR! NO KILL!》反皮草海报

共生图形：两个形体共用一条轮廓线，使形与形之间的轮廓线可以相互转换，共生共长，以简洁的线条表达丰富的含义。中国的传统文化中有非常丰富的共生案例被运用到年画、建筑装饰等多个领域，"太极"图形就是非常经典的共生图形（图4-28~图4-32）。黑川纪章先生在著作《共生思想》中对"共生"概念在建筑、景观等更大范围内做了较为深刻的实践活动。

图4-28 中国传统图形

图4-29 装饰图形运用

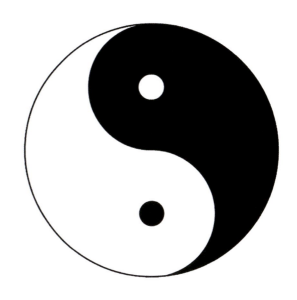

图 4-30 共生图形：
"日进斗金" "吉祥如意"
"招财进宝" "日日进财"
"黄金万两" "唯吾知足"

图 4-31 太极

图 4-32 中国人民银行标志

第4章 广告创意

排列成形：重复产生记忆。排列成形正是运用重复进行图形创意。其手法有三种：一是一个物象的多次重复组成另一个物象，在较大展示空间中会带来强烈的视觉震撼；二是把肉眼无法观察到的微观物象通过显微镜等设备显示出来，可以提供另一种视觉感受；三是将物体进行解构，整体被分离，然后将部分重新组合，进行重构，可以得出新的图形，传递新的含义。图4-33为巴西烟民觉醒协会推出的禁烟广告，呼吁禁烟有益健康。图4-34为浙江高速广告有限责任公司为吉利汽车设计的平面广告，将汽车作为元素进行拼贴，组成西游记四人组形象，并在文案上描述各个角色的特征，使之与汽车功能相结合。图4-35的《脉》公益广告，用绿色的汽车代替了叶脉，呼吁健康出行，保护环境。图4-36为娃哈哈《营养快线》推出的平面广告，倡导多种营养，多种组合，多种心情。

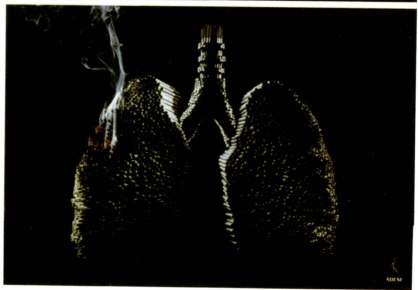

图4-33 禁烟海报

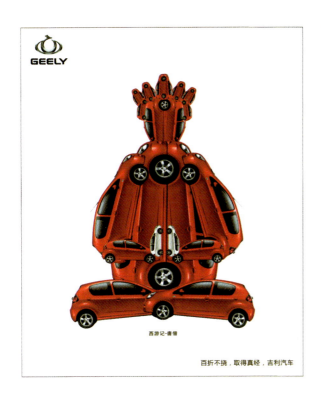
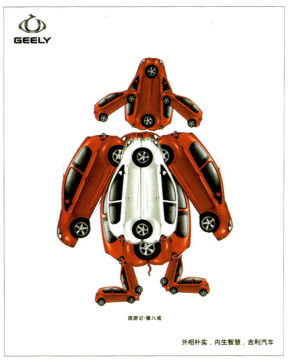
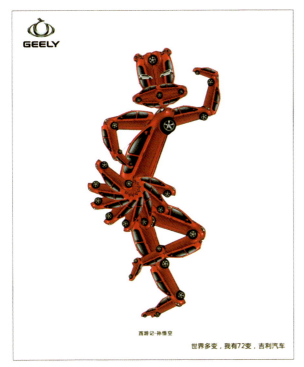

图4-34 浙江吉利汽车广告——西游记篇

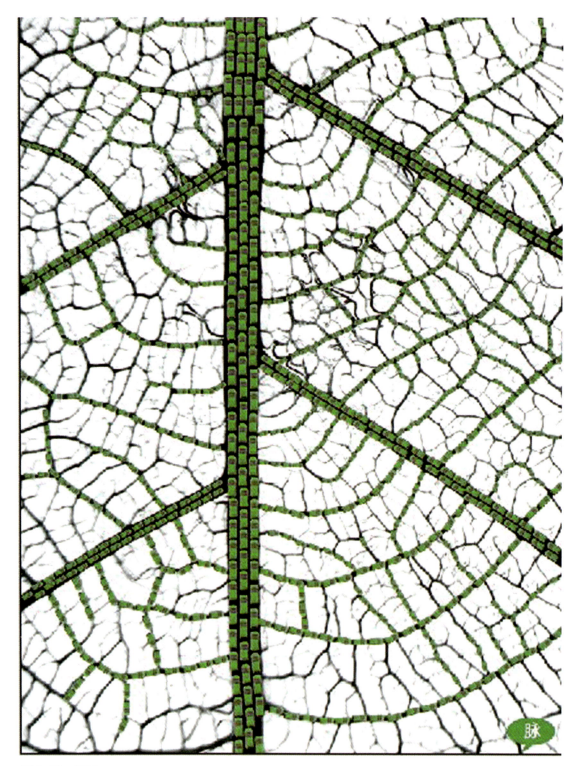

图 4-35 《脉》

图4-36 娃哈哈饮料广告

渐变图形：自然界中充满了各种各样的过程，由生到死、由小到大、由红到绿、由低到高、由好到坏，等等，每一对矛盾都呈现出线性成长，都是一个渐变过程，传递由此产生的意义。渐变的图形表现过程美，展示一种动态的路线，同时也交代结果的由来，在不同形态转换的过程中，传递思考的结果。图 4-37 为图形创意中"渐变"训练案例。图 4-38 为陈放设计的《近视》，反映了人为追逐利益而不顾环境承受能力的弊端。图 4-39 为日本佐藤设计的《新兵器》，将炮弹与和平鸽进行渐变，表达停止战争向往和平的意愿。

图 4-37 渐变图形"鱼－猫""糖衣炮弹"

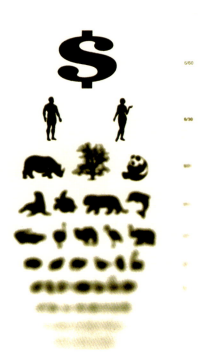

图 4-38 《近视》／陈放

图 4-39 《新兵器》／佐藤

残缺图形：鲁迅先生说悲剧就是把有价值的东西撕碎了给人看。残缺的美令人心痛，令人惋惜，能产生持续性的思考，触及灵魂深处。图4-40所示的《胜利》海报，不禁引起观众的反思：真的胜利了吗？

悖理图形：悖理图形又称为"矛盾图形"或"不可能的图形"，它是图形设计中图形形态和特征的构形手段之一，有着特殊的、违背常理的、虚幻的图形形态。悖理图形是作者通过错误的透视手法在二维平面上制作的图形，观众将会使用现实生活（三维空间）的思维去判断这个图形的真实性，因为这些图形在现实生活中不可能存在，所以每当我们在二维平面看到悖理图形时，尽管它与现实生活（三维空间）的"体"产生冲突，但它还是在平面上显示了出来（人的眼睛将外界一切事物以"二维平面"方式传送到大脑进行分析和判断），也就自然而然地肯定了作者创造的悖理图形在三维空间或四维空间的存在。悖理图形在平面广告中应用较多，视角新颖，能够引起受众关注。如埃舍尔的作品和钓牌渔具广告（图4-41、图4-42）。

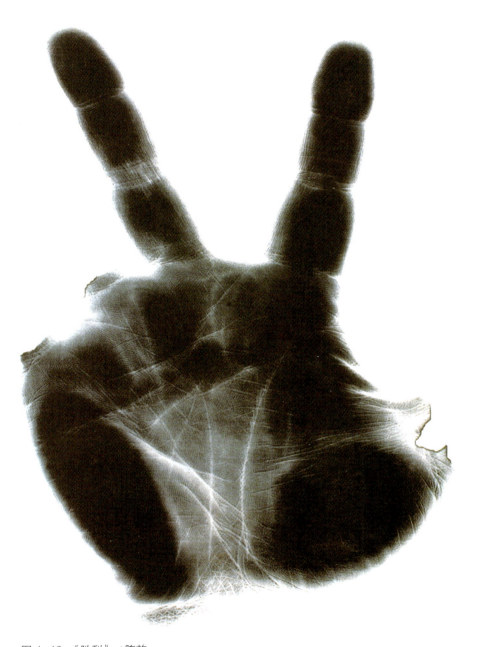

图4-40 《胜利》/陈放

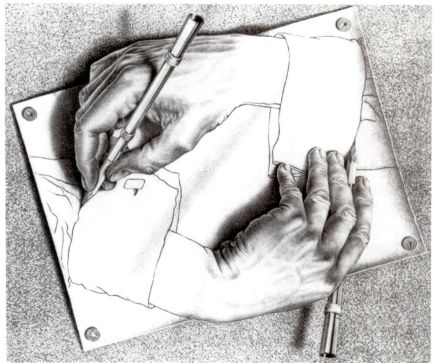

图 4-41 埃舍尔作品

图4-42 钓牌渔具广告

4.2.2 广告中的文字——言简意赅

文字形成于语言之后，是语言的统一与结果。在当今的读图时代，言要简，意要深。广告设计中的文字主要分为两部分。一是用来传递信息，主要用在标题、广告语、正文、图形字体等方面；二是字体设计部分，即字体作为图形处理的对象，是一种造型要素。在广告作品创作过程中，字体图形在与传递信息同时发生，难分彼此，一并整合。

信息传递部分

广告标题：标题是不可缺少的部分，是受众直观解读内容的主要途径，要引导受众对广告信息感兴趣，并引起购买欲望，标题作用不容小觑。广告标题有以下成功案例。

直接型：简约不简单——利郎商务男装

间接型：人生百味、一口难尽——科罗娜啤酒

综合型：假如没有水——保护水资源

广告语："浓缩的都是精华"，作为"精华"的广告语要朗朗上口，传递品牌形象、社会精神等理念。一条好的广告语在被反复地使用后会引起消费者的关注并被记忆。有些广告语是企业经营理念（MI）和企业行为理念（BI）的口号，如"没有最好，只有更好"；有些广告语以产品功能对人们生活的影响为出发点，如"女人月当月快乐"。

广告语应当具备创新性、哲理性、记忆性等特征，如以下广告语。

"要想皮肤好、早晚用大宝"。
"大宝天天见"。
"透心凉、心飞扬"。
"一切皆有可能"。
"JUST DO IT"！
"肚子胀、不消化江中健胃消食片"。
"牙好胃口就好"。

广告语中的声音元素：听觉也是人们接收信息的重要渠道，如早期摩托罗拉手机的"you have a coming call!"、诺基亚的短信铃声、iPhone的电话铃声、英特尔处理器的标志性声音、京东广告的"京东"等都很好地充当了广告语的作用。

广告正文：正文是对标题更详细的解释，结构与行文相似，所谓"豹头、猪肚、虎尾"，即开端、发展、高潮、结尾等四个部分，主要内容是对标题中传递的信息进行具体表达，当前在平

面广告比较常用，有些广告则省略此部分，视具体情况来定。

| 字体设计部分

在当今读图时代的环境下，很少有消费者会耐心地读完大幅文字。广告人员的语气往往会通过字体设计表现出来，即在保留字体的阅读功能的基础上，根据广告主题对字体的形态进行创意处理，使其以更形象的视觉语言传递信息，生动有趣，引人深思。

字体性格：无论是中文字体还是外文字体都有其自身的性格，如横竖笔画粗细一致的黑体，雄壮有力，而中国书法中的宋体则隽永雅致。

字体的基本常识：

广告正文主要由中文和外文两部分组成（图4-43）。

中文字体：由宋体、仿宋体、黑体和楷体等电脑字体和行楷体、隶体等传统字体两部分组成。

宋体的特点是字形方正规整，笔画横细竖粗，其比例为1:4，即横1竖4，横的右边及横竖转角处都讲究钝角的装饰变化。宋体呈方中有圆、刚柔相间、庄重典雅的风格，是应用最广泛的汉字印刷字体，如特粗宋、大标宋、小标宋和书宋等。

仿宋体的特点是笔画细劲，字体匀称绢秀，常用于广告中的

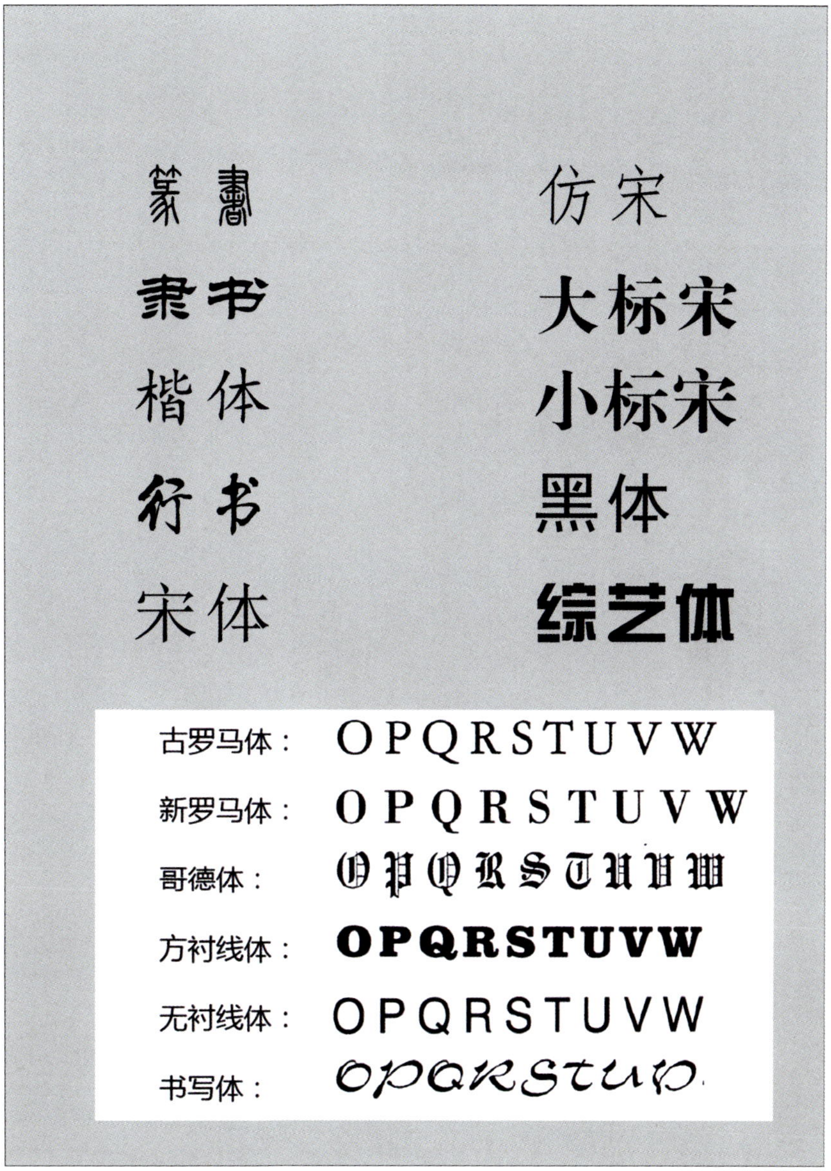

图4-43 常用字体

说明文和小标题等。

黑体的特点是字形方正,起笔与收笔均为方形,所有笔画粗细大致相等,转角处一般不留钝角。黑体字的笔画变化少,既单纯又统一,黑白对比强烈,浑厚稳健,庄重醒目,并富有现代感,书写也较为方便。黑体字有特粗黑、大黑、中黑等,在广告中常用于引人注目的标题、大幅的标语(图 4-44)。

楷体的特点是字形规整,结构严谨,笔画清晰,认读性高,多用于广告中的说明文(图 4-45)。

除了适合印刷的印刷体外,还有美术体和书法体。美术体适合用于广告展示而不适合排印正文,主要包括圆体、综艺体、琥珀体、彩云体、小姚体和长黑体等。而书法体强调笔画的自由和随意,

图 4-44 黑体字的应用

适合于情感的流露，包括隶体、新魏体、行楷体、广告体、海报体和新潮体等。

拉丁字体：依据各种字体产生的时代和风格特征，可分为七类，即古罗马体、现代罗马体、埃及体、无饰线体、歌德体、草书体和装饰体。

古罗马体的特点是字形以正方形为基准，圆形轴线倾斜，字母笔画宽窄比例适当，字脚饰线带有装饰性的弧度，造型工整匀称，典雅秀丽，具有很强的装饰效果和易读性。这种优美、和谐的字体风格适合用于有悠久历史的商品宣传。古罗马体包含的字体主要有 Garanond，Caslon，Goudy Old Style 等。

现代罗马体的特点是字脚饰线直而长，增加了字母的连贯性。笔画粗细对比强烈，比例为1:6。圆形字母轴线垂直。这类字体字形优美，工整精致，朴素大方，多用于广告的标题导语，但因笔画粗细反差较大，不适合排印正文及用于户外广告和公共标志。

埃及体的特点是笔画粗细差别小，饰线呈矩形，故又称为饰线体。埃及字形庄重醒目，主要用于平面广告中的标题导语，主要包括 American，Tyewriter，Clarendon，Egyptian505，Geometric Slabserif 等。

图 4-45 统一企业 DYDO 产品广告

无饰线体的特点是简洁规整，与汉字的黑体字相似，清晰醒目，美观大方，具有很强的视觉冲击力，信息传递效果最佳。无饰线体不仅醒目，而且最容易书写，易于制作，是一种很有实用价值的字体，常用于路牌广告、交通标志和其他户外广告形式。其字体类型包括 Helvetica，Futura，Giu Sans，Franklin，Unirers，Optima 等。

草书体的特点是结构简洁明快，笔画粗细变化自然，字形优美流畅，潇洒飘逸。这类字体也称"草体"，但风格与前者迥然不同，前者注重典雅浪漫，后者追求活泼自然。草书体包括 Letraset Alexei Coppesplate，Commercial Script，Shelly，Vivaldi 等字体（图4-46~图4-49）。

图4-46 《首创安泰人寿保险公司理赔快速通道》平面广告

图4-47 《金都集团之金都业友会》平面广告／一品堂行其道设计

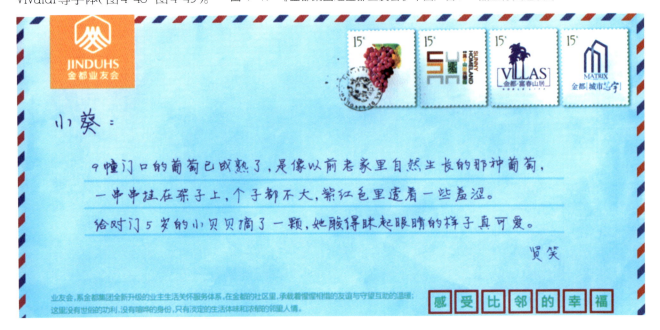

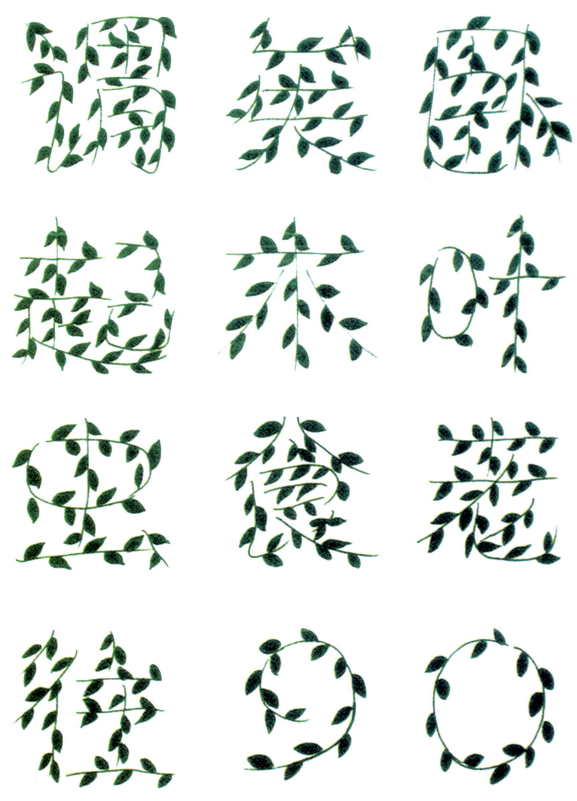

图 4-48 方正字体设计大赛作品《柳叶体》

图 4-49 珠海市旅游局沙滩音乐节平面广告

字体的架势：中国字体的间架结构多四平八稳。在字体设计过程中，应依据产品属性特征，结合前面所讲的图形创意方法进行。如果是运动品牌，可能字体的动感元素要在允许的范围内加强，如果是民族特征比较明显的品牌，字体设计要突出其民族特性。根据项目需要赋予字体以性格，是清雅还是粗狂，是稳重还是动感，是需要手写体的随意还是电脑字体的严谨，需要谨慎周全地考虑。总之，字体的"形"与"势"是需要设计师特别注意的方面（图 4-50~图 4-58）。

图 4-50 香港 IDN 国际设计竞赛作品《呼唤自由》

汉字新简约主义

汉字新简约主义

所谓的汉字新简约主义，是在依据"汉字多余度"的理论基础上，遵循汉字自身发展规律的条件下，以保留汉字形体特征为前提，对现用的汉字结构形式的合并、统一、整合的结果。

现实意义

一、简化汉字自身结构存在的笔画繁琐，利于汉字的书写和汉字学习与传播。
二、更适于现代汉字电子化存储的需求，以及网络化传播途径的要求。
三、适合低显示环境下的硬件配置，减少应用成本。

主要思想

汉字作为中国文化中最具代表性的东西，其能够一直沿用至今，更是中华民族一部活的文化遗产。在今天这个信息化网络化的时代，汉字作为信息传播的重要载体之一，在面临外在的及其自身挑战的同时，也证明了其强大的生命力。在汉字字体设计中，更多地关注汉字自身发展的研究与设计显得越来越迫切和必要。汉字新简约主义的提出，是在当今社会环境下乃至今后汉字自身发展研究方向的一种尝试和探索。

图4-51 全国第一届大学生艺术展金奖作品《汉字新简约主义》

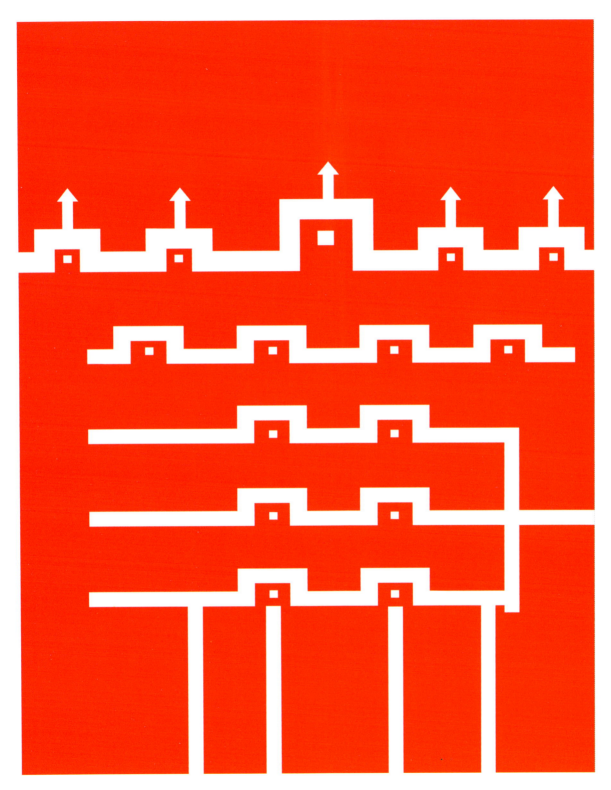

图 4-52 廉政是有效防腐的长城

图4-53 学生毕业设计作品《壮锦字》

图4-54 《朝与韩》《悼念田中一光》/靳埭强

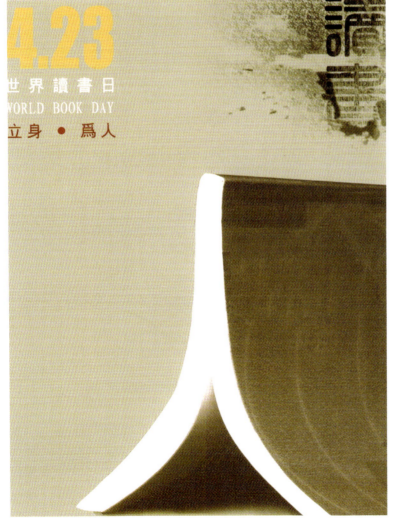

图4-55 《读书为人》平面广告

第4章 广告创意

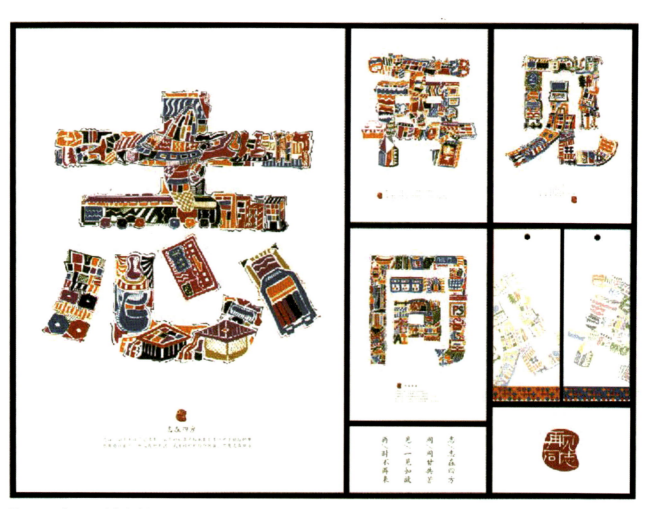

图4-56 《再见同志》学生毕业设计作品

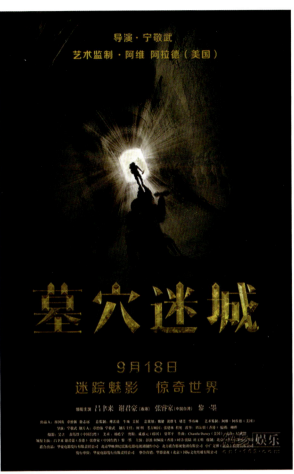

图4-57 《金刚狼2》《墓穴迷城》电影海报

图4-58 《战争与和平》字体设计

第4章 广告创意

4.3 广告中的色彩

色彩是广告表现的一个重要因素。广告色彩的功能是向消费者传递某一种商品信息，因此广告色彩与消费者的生理和心理反应密切相关。广告色彩的应用要以消费者能理解并乐于接受为前提，设计师还必须观察、总结生活中的色彩语言，避免使用一些消费者禁忌的色彩组合。

红色：引人注目，让人觉得活跃、热烈，有朝气。在中国人的观念中，红色往往与吉样、好运、喜庆相联系，它便自然成为一种节日、庆祝活动的常用色。同时，红色又易使人联想到血液和火炮，因而它有一种生命感、跳动感，还会使人产生危险、恐怖的血腥气味的联想，灭火器、消防车都是红颜色的。

黄色：明亮和娇美的颜色，有很强的光明感，使人感到明快和纯洁。幼嫩的植物往往呈淡黄色，所以它会使人产生对新生、单纯、天真的联想，还可以让人想起极富营养的蛋黄、奶油及其他食品。黄色又与病弱有关，植物的衰败、枯萎也与黄色相关联。因此，黄色又使人感到空虚、贫乏和不健康。

橙色：兼有红与黄的优点，明度柔和，使人感到温暖又明快。一些成熟的果实往往呈现橙色，富于营养的食品（如面包、糕点）也多是橙色。因此，橙色又易引起人们对营养、香甜的联想，是易于被人们所接受的颜色。在特定的国家和地区，橙色又与欺诈、嫉妒有联系（图4-59）。

图4-59 《中国4A大师进校园》插画篇

蓝色：极端的冷色，具有沉静和理智的特性，恰好与红色相对应。蓝色易使人产生清澈、超脱、远离世俗的感觉。深蓝色会滋生低沉、郁闷和神秘的感觉，也会使人产生陌生感、孤独感（图4-60）。

绿色：具有蓝色的沉静和黄色的明朗，又与自然中的生命相一致、相吻合，因此，它具有平衡人类心境的作用，是易于被接受的色彩。绿色又与某些尚未成熟的果实的颜色一致，因而会引起酸与苦涩的味觉。深绿易使人产生低沉消极、冷漠感。

紫色：具有优美高雅、雍容华贵的气度。含有红色的个性，又有蓝色的特征。暗紫色会引起人们低沉、烦闷、神秘的感觉。

黑色：代表权威、高雅、低调、创意，也意味着执着、冷漠、防御。

灰色：代表诚恳、沉稳、考究。其中的铁灰、炭灰、暗灰，在无形中散发出智能、成功、强烈权威等强烈讯息；中灰与淡灰色则带有哲学家的沉静。有些灰色也代表黯淡无光、没精神。

白色：象征纯洁、神圣、善良、信任与开放；同时给人疏离、梦幻的感觉。

色彩能影响人的情绪，广告作品中的有些色彩会给人以甜、酸、苦、辣的味觉感。如蛋糕上

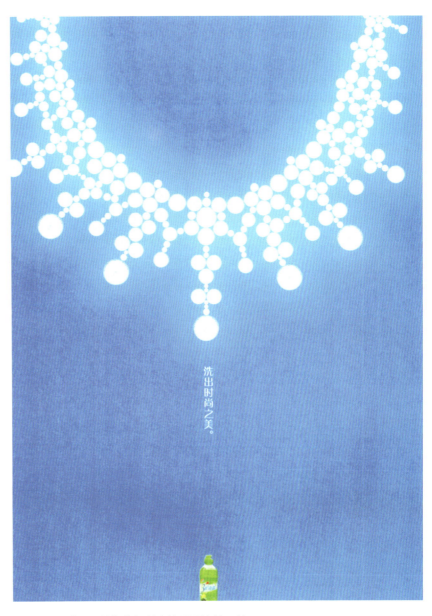

图4-60 《两面针》获得创意管理设计 钻石篇

的奶油黄色，给人以酥软的感觉，能引起人的食欲，所以食品类的包装与广告普遍采用暖色的配合（图4-61），也有的广告同时展现几种配色方案，以给人带来丰富的体验（图4-62、图4-63）。

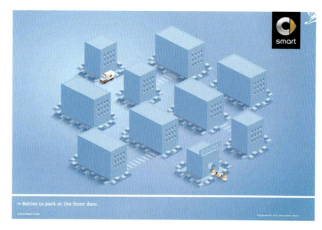

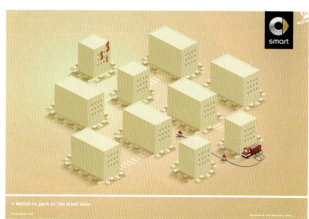

图 4-61 大广赛获奖作品《海天招牌拌饭酱》　　　　图 4-62 2016 年戛纳广告节获奖作品《smart》

图 4-63 VOLVO 汽车广告
（2016 年戛纳广告节获奖作品）

思考题

1. 广告创意执行与区域文化特征如何对位?
2. 分析国外优秀作品的创意形成与执行。
3. 如何让设计作品更具亲切感?

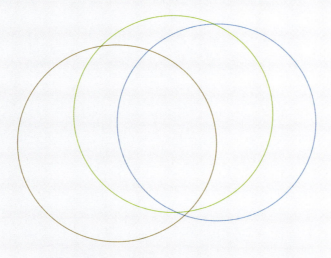

Chapter 5

第 5 章
新媒体广告

本章单独介绍新媒体广告的形式与特征，主要以电脑、手机、电子显示屏等移动终端为载体，对网络广告、手机广告、微博、虚拟社区等广告形式进行阐述。

5.1 新媒体广告概述

新媒体是一个相对的概念，只要是以往没出现过的媒体均可称为新媒体。人类的传播活动经历了5个发展阶段：口头传播时代、文字传播时代、印刷传播时代、电子传播时代和网络传播时代，相应的传播媒介的演变也经历了5种形态：语言媒介、文字媒介、印刷媒介、电子媒介和网络媒介。新的媒介形态的出现总是依赖于新技术的出现。新的媒介的发展总是在旧媒介的基础上突破创新而来。

新媒体的突出特征是"媒介融合"，主要以技术主导的数字化、受众为主的互动性、媒体终端的个性化为主要特征，各种媒介呈现出多功能一体化的趋势。狭义的媒体融合概念是指将不同的媒介形态"融合"在一起，产生"质变"，形成一种新的媒介形态；广义的媒介融合范围广泛，包括一切媒介及其有关要素的结合、汇聚甚至融合，不仅包括媒介形态的融合，还包括媒介功能、传播手段、所有权、组织结构等要素的融合。

需要说明的是，虽然本章后半部分分别针对网络、手机、游戏等广告的特点与设计进行说明，但是依然是呈现媒介融合的特征。

新媒体环境下"广告"特征

① 新媒体的即时互动性，决定了受众可以选择广告信息，广告主也可以自主传播广告信息。"信息的有去有回"使具有双向对称的"传播"特性得以凸显。

② 新媒体促使广告主可以自主、便捷地传播广告信息，而且这里的广告信息不仅是直接的、功利性的产品信息，还包括朋友家人之间随意的谈话涉及的产品信息，每个人的随意谈话内容都是对自身生活经验和选择的表述，都可以成为"免费而隐蔽的意见领袖"，传播良好形象的产品信息，而产品信息又是归属于品牌的，因此新媒体催生了"品牌传播"。

③ 新媒体固然是营销传播一体化，但"整合营销传播"思想更突出"营销"且有营销学专门进行研究；而其中的"传播"成分，则应归属于"品牌传播"，从而使得广告研究因具有特定对象而具有独立性。

新媒体广告受众的群体特征

① 富有强烈意愿的个性参与：新媒体广告最大的特点是互动性，现代年轻人具有强烈的表

现欲望，热衷于展示自我个性，体现出主动的参与性和热情的互动性特征。

② "圈子群体"：由于人们的观念、地域、生活习惯、工作空间、个性等的差异，在社会群体中就会产生各种各样的差异化群体。当前微信的"朋友圈"、微博的"圈子"、QQ群、微信的群聊等都是一个小型群体，每个单位都有自己的工作群，人们可以将日常交流融入广告成分。

③ 年轻知识型：新媒体广告以数字网络为平台，而年轻人有与生俱来的优势，他们在上学、工作、生活等所有空间都非常依赖移动终端所提供的信息内容。如图5-1、图5-2所示，苏宁易购系列广告以年轻群体为主要消费对象，来有效地提升品牌形象。

图5-1 苏宁易购系列广告01

图5-2 苏宁易购系列广告02

新媒体广告的主要表现手法

① 植入式广告。植入式广告的内涵是，品牌与内容情境融为一体，将品牌内容娱乐化，让受众在轻松的心态下自然而然地接受品牌并与之融合，能够更加精准地与目标消费群体沟通，获得更好的品牌传播效果。这种广告隐藏于载体中并和载体融为一体，可以减少观众的抵触情绪，具有潜移默化的宣传效果。目前，植入式广告主要以网络游戏植入式、电影植入式、电视节目植入式、线下活动植入式等几种形式较为常见。

② 新媒体事件整合。事件营销（Event Marketing）指企业根据品牌理念，通过策划、组织和利用具有名人效应、新闻时事以及社会影响的人物或事件，巧借东风，引起消费者的兴趣与关注，借势以求提高企业或产品的关注度。事件营销是当前流行的一种公关传播与市场推广手段，集新闻效应、广告效应、公共关系、形象传播、客户关系于一体，并为新产品推介、品牌展示创造机会，建立品牌识别和品牌定位，从而快速提升品牌知名度与美誉度。20世纪90年代后期，互联网的飞速发展给事件营销带来了巨大契机。通过网络，一个事件或者一个话题可以更轻松地进行传播和引起关注，成功的事件营销案例开始大量出现。

5.2 品牌网站与网络广告

5.2.1 品牌网站

品牌网站是企业面向社会和市场而在网络空间开放的空间，是企业提供全部服务和信息的搜索和使用平台，为客户提供统一的电子商务应用服务的访问界面。比如新浪、腾讯等门户类网站，或者宣传本企业经营理念、产品推广的企业网站。品牌网站是企业展示服务内容和产品信息、进行信息管理和电子商务的结合，能够帮助用户在最短的时间内获取最有价值的信息，并作出最佳的业务分析和决策。如图5-3所示，桂林森林美工艺雕刻中等职业技术学校通过网页展示其办学特色与优势。图5-4中，春田花花幼儿园通过网页展示幼儿园的特色，并设计了吉祥物作为虚拟主播，与小朋友们进行互动。

图5-3 某学校主页

第5章 新媒体广告

图 5-4 春田花花幼儿园网站主页

5.2.2 网络广告及其特点

网络广告是指利用互联网这种虚拟空间环境,通过图文或多媒体方式发布的广告。与传统广告具有相同点,即搭配性、强制性地推送广告信息,与其他传统广告的差别在于它是在互联网的特定空间环境中进行广告信息发布。

网络广告的特点可以归纳为以下几点。

① 突破时空界限,网络广告的传播冲破了时间和空间的限制,它通过国际互联网络把广告信息 24 小时不间断地传播到世界各地并重复播放,在连接因特网的前提下,任何人在任何地点都有机会阅读,这是传统媒体无法达到的。

② 受众群年轻化与知识化。网络广告的受众是最年轻、最具活力、受教育程度最高、购买力最强的群体。

③ 分众与精准投放。网络广告的载体基本上是多媒体、超文本格式文件,以便于受众进一

步了解感兴趣商品的信息,让顾客如身临其境般感受商品或服务,并能在网上实现预订、交易与结算,将更大地增强网络广告的实效。

④ 大数据跟踪与精确信息反馈。通过权威公正的访客流量统计系统精确统计出每个广告被多少用户浏览,以及这些用户查阅的时间分布和地域分布,从而有助于客商正确评估广告效果,审时度势,依据需要调整广告投放策略。

⑤ 交互性强。交互性是互联网络媒体的最大优势,它不同于传统媒体的信息单向传播,而是信息互动传播。用户可以获取他们认为有用的信息,厂商也可以随时得到宝贵的用户反馈信息。

⑥ 资源共享。开放式的网络体系结构,使不同软硬件环境、不同网络协议的网络可以互连,真正达到资源共享、数据通信和分布处理的目标,从而使网络广告可以准确、快速、高效地传达给每一个潜在客户。

⑦ 广告发布简易便捷。在传统媒体上做广告发版后很难更改,即使可改动往往也须付出很大的经济代价。而在网络上做广告可以按照需要及时变更广告内容。

⑧ 广告社论式。社论式广告(advertorial)是广告和新闻的综合体,是广告主的有力工具,通常与报刊或杂志的内容掺杂在一起,在互联网时代则表现为与电子刊物内容融为一体。广告主可以把所要推广的内容写进广告文章,形成新闻效应,让广告的内容成为一个话题,吸引观众注意。如果运用得当,这些社论式广告可以进行多个方面的宣传,如从产品使用的小窍门到土特产的食谱等。

图 5-5 某学校网络广告 01-03

5.2.3 网络广告设计与制作

广告的目的是传递特定信息，广告设计的首要任务是创意性地传递信息。在创意表达的过程中需要注意元素的本土化与国际化。全球性网络的连通性决定了网络广告的跨国性，网络的开放性决定了广告网络市场的全球性。网络广告是在一种无国界的、开放的、全球的范围内去寻找目标客户，设计时要避免地域文化、民族信仰方面的因素导致的不良影响。

网络广告的设计与制作可分为主页、广告板（banner 条）和导航条设计三个部分。

① 主页本身就是广告，一个人性化、操作简单、框架清晰的网站主页本身就具备优秀的广告功能，此外还可以在主页上发布的旗帜广告、按钮广告、文本广告、视窗广告等，通过运用文字、图像、空间、时序和声音等构成要素对情节进行组织和安排以表达主题。在设计主页时要考虑网站的合理性结构，以使信息显示得更为丰富多彩（图 5-6）。

② 广告板（banner 条）。广告板是一个静止或动态的图片，大小可以根据网站框架布局设定。静止的广告板使用 GIF 或 JPEG 格式的图像文件，动态广告板使用 GIF 格式图像文件。这种形式非常普遍。广告内容涉及公益、商业等各个领域（图 5-5）。

③ 导航条设计。网站的导航条相当于地图或者书籍的目录，可以通过明确的分类让访问者迅速找到自己感兴趣的内容。导航条分类与命名要依据内容来定，做到条理清楚、准确易懂，避免分类不清而降低访问者获取信息的效率。在视觉效果上，针对企业理念设定广告元素，即字体、色彩、版式等要素要服务主题，避免出现设计得很漂亮、视觉效果非常棒，却与主题不符。在服务主题的基础上，创意有趣的表现可以给访问者带来非常好的体验（图 5-7）。

图 5-6 《2016 腾讯高校吃货节》主页设计

图 5-7 V 生活网站导航条设计

5.3 网上商店设计

网上商店对企业与个人而言是一种全新的营销模式,在商品交换中的信息沟通、运输、交付方式、促销形式与传统方式相比都发生了根本的改变,仅凭虚拟图像和购买环境仿真互动信息沟通即可完成消费行为,下单快捷,有时甚至不需思考。

网上商店的形式

按销售的商品范围分类,销售单一商品的网上商店为专业型网上商店,如同专卖店一样;综合型网上商店,如同百货商场、超市一样,京东、淘宝、唯品会、苏宁易购等都是此类。图5-8、图5-9是"V生活"网店界面设计、内页设计效果展示。

图 5-8 V 生活网站店界面设计

第5章 新媒体广告

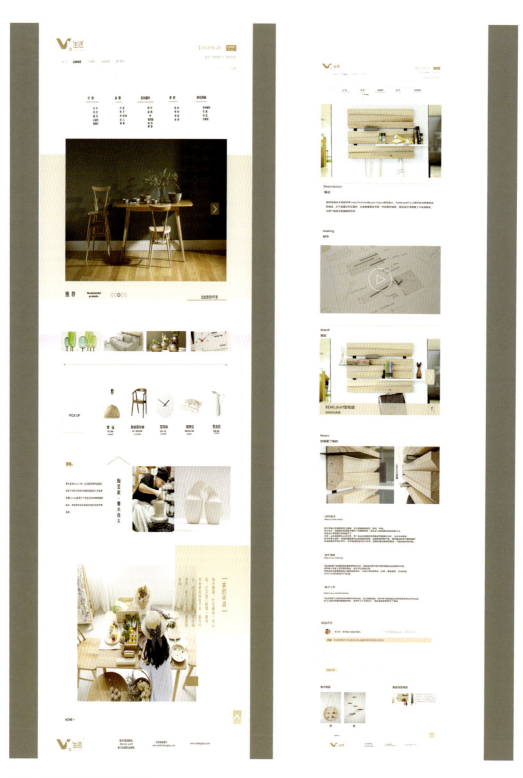

图 5-9 V 生活网店内页展示

网上商店设计基本原则

① 用个性友好的人机界面设计来营造良好的购物氛围。

② 商品信息设计清晰、简洁。

③ 根据 CIS 理论制定鲜明的品牌形象传递。

④ 互动行为深度体验。

⑤ 持续性的内容更新，例如根据中国节假日的时间安排推出一系列的活动。图 5-10 所示的"忆光年"网店首页，采用记忆中的搪瓷茶杯、自行车、蒲扇等形象为图标，以粉笔效果表达主题。图 5-11 的"漫游桂林"则针对老年群体的"慢"推出"漫游"服务。

图 5-10 "忆光年"网站首页设计

图 5-11 "漫游桂林"老年旅游网店首页设计

5.4 最具黏性的媒体——手机广告

手机广告是通过移动媒体传播的付费信息,旨在通过这些商业信息影响受传者的态度、意图和行为。手机广告实际上就是一种互动式的网络广告,它由移动通信网承载,具有网络媒体的一切特征,同时比互联网更具优势,因为移动性使用户能够利用零散时间随时随地接受信息。

随着3G、4G时代的来临,各种多媒体形式也将充分体现在手机上,这将给广告主带来更大的发挥空间。手机媒体已经成为普通人在日常生活中获得信息的重要手段。尤其是当今移动终端的APP运营为人们的衣食住行提供了极大的便利性。手机集通话、社交、办公、视频与音频记录、游戏、健身、学习等功能于一身,俨然成为最强大的移动设备。图5-12是雷诺汽车以H5的形式进行市场调查时做的手机广告。

图5-12 2016年雷诺愚人节手机答题设计

5.4.1 手机主题设计（主题图标设计）

手机主题设计是企业根据自身品牌卖点而设计的一系列的手机界面、图标等，主要包括手机图标、桌面墙纸、拨号、锁屏界面、手机铃声，等等。手机主题设计是UI设计中非常重要的部分。每个手机生产商都有适合自身产品的一套UI设计规范，包括具体尺寸与规格、设计项目、色彩等。设计主题主要有节假日促销主题、产品卡通形象主题、表情设计等，总体上从属于品牌推广策划。图5-13～图5-15为幼儿园、乳业单位为推广品牌而设计的主题图标。

图5-13 春田花花幼儿园手机主题设计

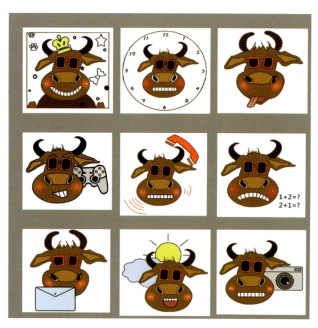

图 5-14 幼儿定制奶业手机主题图标设计

图 5-15 幼儿定制奶业手机主题设计 01-02

广告设计

手机主题设计的另一重要模块是表情设计。图形也是语言，在当今读图时代，人们之间的交流越来越趋向于用可爱幽默的表情图片来进行，表情代表了文字，设计一套有趣的表情就等于建立一套简短的语言符号。图 5-16、图 5-17 是为品牌设计的表情包，可配合文案进行推广。

图 5-16 《跳卡——虚拟形象代言人》角色表情设计

图 5-17 好家风纸业之"姐姐"表情包

5.4.2 手机 APP 应用软件策划与界面设计

APP 广告，或称 In-App 广告，指在智能手机和平板电脑这类移动设备中的第三方应用程序中内置的广告。APP 广告兴起得益于其载体——APP 的风行。平板电脑和大屏触摸手机等硬件的普遍使用，WiFi、3G、4G 对流量限制的解放，以及苹果公司 App Store 生态系统带来的全新交互体验，促使 APP 受众和 APP 开发者大幅度增加。对于 APP 开发者而言，需要一种方式将流量变现，而对于品牌企业而言，广告投放需要随消费者注意力迁移，因此，APP 内置广告应运而生。

一款好的 APP 软件本身就是广告，如针对餐饮娱乐行业的"美团"，其本身就是很强烈的广告功能，同时作为广告发布平台，以插屏、banner 条、文字、视频等形式发布广告，精确而且效果好。再如漫游桂林、滴滴、京东、大众点评、唯品会等各类应用软件已经成为城市生活必备，也是高效传播信息的优质平台。

这里以《车约》APP 案例简述 APP 的策划与界面设计。首先将项目核心概念以信息图表的方式列出，要求结构清晰，语言简练。其次确定手机应用平台并设定 UI 界面规范，进行框架搭建（图 5-18、图 5-19）。

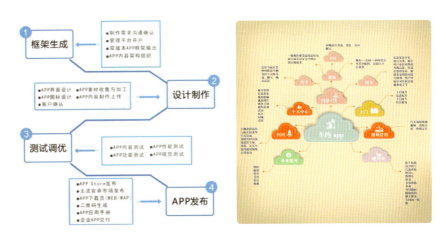

图 5-18 车约 APP 的框架信息图

图 5-19 车约 APP 界面设计

APP软件已经占据我们生活和娱乐的大部分时间，日常生活中的饮食、游戏、交通、购物、健身等多种需求都有相应的软件支持（图5-20）。如图5-21所示，将基础教育课外辅导、幼儿生活习惯的培养等内容与游戏将结合，寓教于乐可提升学习效果。图5-22、图5-23分别是"V生活"APP、"掌上中国雕刻艺术网"APP界面效果。

图5-20 手机中生活常用的APP

图5-21 智力游戏登录界面

图 5-22 "V 生活" APP 登录界面　　　　图 5-23 "掌上中国雕刻艺术网" APP

第5章　新媒体广告

5.4.3 手机视频的生成与传播

当前网络环境下，人们可以利用智能手机的摄影摄像功能随时随地在个人社交网络中发布影像信息，而所记录的生活中的一碗面、一场电影、一次短短的旅游等信息都可以起到广告效应。手机视频广告主要有片前、片中、片后三个时间段播放，当前手机短视频广告较多采用片前广告的形式强制受众观看，片后广告几乎被忽略不计。片中播放有两种情况，一种是在故事情节转折部分插播视频广告，令观众比较反感，另一种则是植入到短片当中，此种形式在当今视频类广告中非常普遍，隐形并借势，可以多次出现，用户既可接收到视频内容本身的信息，又能关注到广告的信息。就互动性方面来说，当前手机"摇一摇"或者扫描二维码等手段可以与电影电视、电脑网络、线下活动等多种媒体形成互动。

5.4.4 手机短信息广告

当今短信广告效果欠佳，因其将广告以短信的形式强制推送到用户手机上而令人生厌，即使信息的内容是用户感兴趣的内容。许可营销和精准定位是常用的两种方法，前者是不向用户发送未经许可的广告信息；后者是根据用户偏好以 APP 应用软件的信息推送方式发送用户感兴趣的信息。

5.5 微博与微信广告

微博与微信是近几年新生的自媒体形式，其爆发式发展形成了新的消费关系格局。在微博上，企业可以通过利用长度在140字以内的简短博文，快速传递企业新闻、产品信息、企业理念等，形成一个固定圈子的互动交流平台，便于迅速了解消费者的想法，加快品牌危机公关反应速度，且维护便捷。我国著名的博客启蒙人孙坚华认为，界定博客应该包括三方面：内容的个性化表达；日记体方式而且更新频繁；充分利用链接，拓展文章内容、知识范围以及与其他博客的联系。

目前微信广告平台主要分为朋友圈广告和公众号广告两个部分，二者均基于微信公众号生态体系。微信朋友圈广告是以类似朋友原创的内容形式在朋友圈中展示的原生广告。用户可以通过点赞、评论等方式进行互动，并依托社交关系链传播，为品牌推

新浪微博

微信

图5-24 微博与微信

第5章　新媒体广告

广带来加成效应，一般按曝光次数计费。微信公众号广告是以文章内容的形式出现在公众号文章中，提供公众号关注、移动应用下载、卡券分发、品牌活动广告等多种官方推广形式，支持多维度组合、定向投放，以实现高效率转化（图5-24）。

图5-25是雷诺汽车以愚人节为主题发布的微信朋友圈广告。图5-26为《比亚酶》主题微信朋友圈广告。

图5-25 2016年雷诺愚人节微信推送活动

图 5-26 "比亚酶"主题 H5

5.6 数字电视与商业频道广告

数字电视广告，最基本的形式有开机画面广告、换台广告、VOD 点播广告、超链接广告、字幕广告等几种形式。开机广告，指观众打开电视机后出现的整屏广告画面，持续时间约为 10 秒左右；换台广告，指观众调换频道时在屏幕下方出现的广告画面，持续时间约为 6 秒；VOD 点播广告，是观众回看电视节目、点播电视剧或电影时，在影片开始前插入的视频广告，一般 TVC（商业电视广告）时长为 30 秒或 15 秒；超链接广告，指通过后台设置，在观看电视时在电视屏幕下方跳出一个动态 Flash 广告，用户需要时可以点击进去直接观看广告；字幕广告是指在观看广告时电视下方出现字幕广告的形式。除了这几种主流广告形式外，还有些地方卫视的广告形式更加多样，如杭州数字电视广告的电视主页面 TVC 广告，江苏数字电视的音量条广告，广东卫视的主菜单广告，等等，各种新颖的广告形式不断涌现。图 5-27 所示为《广发留学生卡》广告分镜，以 1990 年留学所需物品与 2016 年留学所需物品进行对比，体现出广发留学生卡的便捷性。

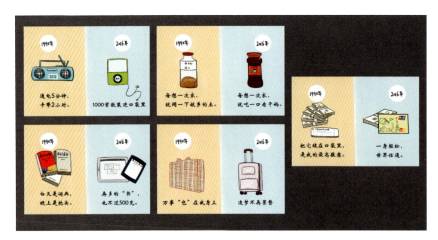

图 5-27 《广发留学生卡》广告分镜

数字电视广告的特点

数字电视广告形式，相较传统电视广告而言，拥有着无可比拟的优越性。首先，数字电视覆盖率高。由于这个新的平台整合多个频道资源，只要装有机顶盒，电视用户就能看到广告，能够实现全覆盖。其次，数字电视广告具有强制性。无论是开机广告还是换台广告，都是随着机顶盒与遥控同步进行的，是强制推送的。再次，数字电视广告拥有超高的性价比，无论是CPM（千人成本）还是CPRP（点成本）都大大地优于其他媒体。最后，广告具有权威性，数字电视广告的发布以现有广电网络的数字化资源为基础，广告的可信度强，权威性高，能够为品牌建设增加价值。

商业频道广告的受众分析

对于商业频道这种购物方式，最能接受它的是现在的年轻人。随着电视购物的发展和完善，商业频道的受众群的年龄层跨度在不断增大。从年龄、经济收入和文化程度三方面来看，电视购物频道受众中接受行为最强的主要是中青年女性群体里个人收入较高的职业女性和家庭经济条件较好的家庭妇女，其中有较高教育背景的消费者更易接受新事物，喜欢体验新型产品。图5-28和图5-29所示为《好家风》纸业视频广告的分镜效果。

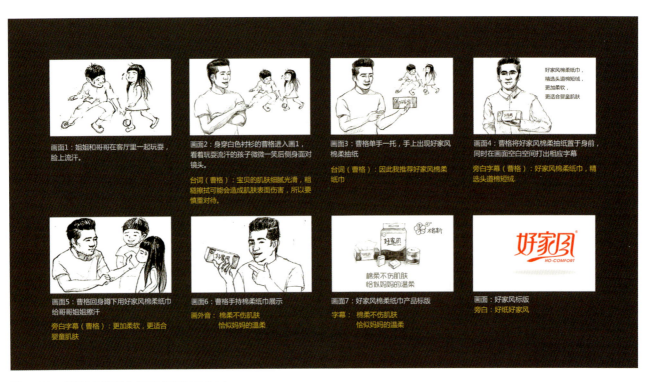

图 5-28 《好家风纸业》视频广告脚本（1）

图 5-29 《好家风纸业》视频广告脚本（2）

5.7 虚拟社区与论坛广告

虚拟社区论坛及功能特点

虚拟社区是以互联网为平台，由一群有着共同兴趣爱好或话题的群体通过信息交换等互动性活动建立起来的能够满足群体需求并能创造社会或商业价值的虚拟空间。天涯社区是此类的代表。

虚拟社区包括：消费型社区、兴趣型社区、幻想型社区、关系型社区。

消费型社区：消费者为了满足自身对产品或服务方面的需求，自主加入到某一虚拟社区中，进行搜索、消费所需商品或服务，或者商家在互联网上发布、销售自己的商品或服务的一个网络平台。

消费型社区的特点：成员间互动性强；信息的共享性强；全天候，全方位；有一定的风险性。

消费型社区的专家服务

消费型社区专家：指在消费社区中为他人提供产品或服务信息、建议购买何种品牌的产品等活跃度高的社区成员、论坛的版主或管理员等，还包括一些社区自设的客服人员。

消费型社区专家的类别：用户舆论领袖；明星卖家；客服人员和官方管理员；评价商品并影响用户购买者；指导消费者或卖家完成交易过程者；协调买卖纠纷者。

5.8 搜索引擎与数据库广告

图 5-30 百度与搜狗搜索页面

▎搜索引擎及其功能

搜索引擎（Search Engine）是指根据一定的策略、运用特定的计算机程序从互联网上搜集信息，在对信息进行组织和处理后，为用户提供检索服务，将用户检索相关的信息展示给用户的系统。搜索引擎包括全文索引、目录索引、元搜索引擎、垂直搜索引擎、集合式搜索引擎、门户搜索引擎与免费链接列表等。

搜索引擎可帮助推荐信息，改变信息传播模式，实现低成本精准传播，使广告增值，增强消费者对品牌的信心。

▎品牌的关键词推荐

设定表述准确又适当的关键词有利于被潜在用户搜索到并引起关注。同时，选择合适的搜索引擎载体可以得到更多的搜索结果，排名越靠前的结果越容易引起受众的注意（图 5-30）。

关键词主要出现在网页标题、网页正文和网页代码中，设计时可使静态网页和动态网页有效结合，便于搜索引擎检索。

5.9 游戏广告

游戏是人们娱乐时间的主要内容。目前主流的分类方法是分为6类：动作、冒险、模拟、角色扮演、休闲和其他，它们各有几十种分支，形成了庞大的"游戏类型树"。游戏形成了一个庞大的虚拟世界，带给人们在现实世界所无法达到的感官体验。以游戏的形式来放置广告，以游戏为载体来进行广告宣传是当前全新的广告模式，此举利用人们天生对游戏的爱好心理和游戏本身的互动性来提高广告的认知度。

目前网络游戏与手机游戏是游戏的主力军。网络游戏：（Online Game），又称"在线游戏"，简称"网游"，指以互联网为传输媒介，以游戏运营商服务器和用户计算机为处理终端，以游戏客户端软件为信息交互窗口的，旨在实现娱乐、休闲、交流和取得虚拟成就的具有可持续性的个体性多人在线游戏。

5.9.1 游戏广告的特点

① 反复渗透，令人印象深刻。广告通过游戏进行传播，可以随时随地向受众传递信息，具有良好的渗透性。由于受众与其接触时间更长更密集，因而与电视相比，他们对游戏广告的印象更深刻。

② 互动性、娱乐性强，传播效果好。相对于当前许多网络广告"硬推"式和"狂轰滥炸"式的宣传模式，游戏广告的互动性和娱乐性使它可以引起消费者的自发关注和主动参与，会吸引消费者主动寻找游戏广告来玩。而且在这一过程中，消费者不会像对传统网络广告模式一样，产生抵触和反感情绪，可以达到一种很理想的广告传播效果。相比较而言，游戏广告更加明晰受众概念，重视受众的角色与地位，重视受众处理信息的心理和态度，因而能有效提高受众对广告的接受度、好感度和黏着度。

③ 运作简单，成本低廉。利用游戏广告在网络上举办有奖活动可以使企业直接面对数目庞大的消费者，最大限度地扩大活动的影响面。配合厂商提供的礼品发送，游戏广告活动可以用最少的成本达到最好的宣传效果，而且它无需大量组织人员，运作简单，参与者互动性强，比较容易被各类消费者所接受。

④ 受众面广，效果显著。一款构思巧妙、设计合理的游戏在吸引大量玩家慕名而来后，如果参与者还能因为游戏成绩的高低而得到各种奖品，一定会更加踊跃地参与进来。信息合理的游戏程序设计会让参与者在提交游戏成绩的同时，完成一个厂商需要

的问卷调查和对参与者的身份确认,以便发送奖品,这样,企业通过游戏广告就可以获得消费者的意见和宝贵的客户资料。

5.9.2 网络游戏广告及其发布方式

网络游戏凭借互动体验、全感参与、在线交流等优势正迅速发展成为互联网中新的业务增长点,不仅赚足了玩家的金钱,还将他们的"注意力"作为一种资源转而贩卖给部分广告商,创造了"二次销售",即实现将游戏产品销售给目标受众之后的又一次盈利机会。商家选择网络游戏做广告正是基于其目标对象的针对性、稳固的媒体接触惯性、相对低廉的成本等优势,并希望借助游戏较高的认同度所产生的"光环效应",以增加消费者对本企业产品的认知与关注,形成一定的品牌偏好,继而促进销售业绩的提升。

网络游戏广告发布方式灵活多变,多以内在形式嵌入游戏的界面或内容,方式隐含而易于让人接受。这些发布方式主要有以下几种。

① 根据广告主的产品定制不同形式的网络游戏

"红牛人力飞行大赛实验室"是一个带飞行模拟器的3D模型游戏,在该项比赛中,参赛者从一个高斜坡启动自制完成的飞行器,来检测是否能真正地飞起来。该游戏大赛在全世界52个城市举办了70多场。游戏中根据每个飞行器的飞行距离和驾驶风格给出相应分数,其他用户同样可以为参赛者评分。针对产品定制的网络游戏,有效地缩短了公司和消费者的距离,极大地吸引消费者有限的注意力(图5-31)。

图5-31 红牛人力飞行大赛实验室飞行比赛场景

② 广告商品成为网络游戏的道具或场景

广告商品变成游戏的某个道具或场景，非但不会使玩家感到厌烦，反而能够增强游戏虚拟社会的真实感，使玩家在玩游戏的同时潜移默化地接受商品的信息，深化对商品品牌的认知感，达到"润物细无声"的功效。美国Electronic Arts公司在2002年与美国英特尔公司和美国麦当劳公司签署了数百万元美元规模的网上广告合同。通过该合同，当用户在玩该公司在当年秋季推出的游戏网络版"模拟人生"时，可看到英特尔和麦当劳公司的商品和商标。另外，该游戏中采用英特尔奔腾4电脑和该公司宣传活动中所使用的"IntelInside"主题音乐。当玩家为自己的虚拟人物选择从低档到高档的虚拟电脑以后，可以在游戏中邀请朋友一起玩游戏，也可以开网络咖啡厅等，做虚拟生意。再如图5-32为网络游戏场景中品牌植入的应用案例。

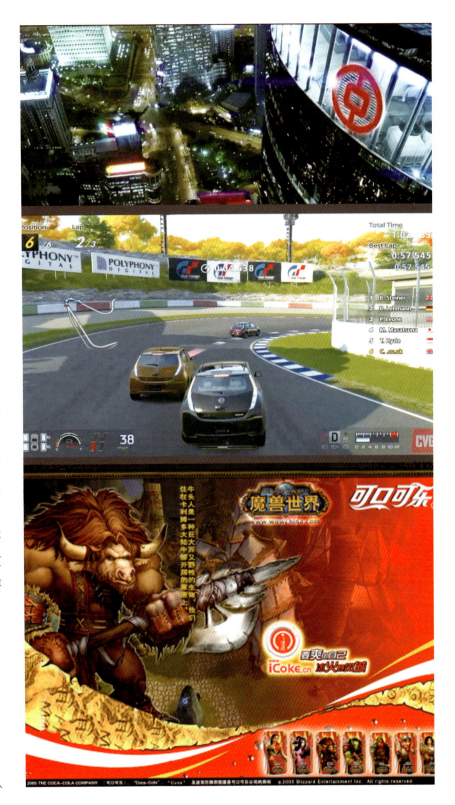

图5-32 游戏中的广告植入

③ 网络游戏运营商与广告主合作制定促销战略，达到双赢目的

这种广告方式是线上线下结合的典范。玩家可以在现实生活中得到实惠，很受玩家的欢迎。如"游戏运营商与必胜客合作，只要玩家在在线游戏'宠物王'中打怪，就有机会获得从怪物身上掉下来的必胜客打折赠券甚至免费吃比萨"。另一种方式是，只要在游戏中为虚拟人物购买广告主品牌的产品就能在现实中购买该产品时享受折扣优惠，或者相反，在现实生活中购买的产品能够免费"移植"入游戏的虚拟世界。如图5-33~图5-35所示，《V生活》游戏策划案中将游戏内容与住宅小区中物业管理进行有机结合，通过这款游戏，玩家可以了解物业公司提供的家政服务、家居知识、少儿传统美德培养等服务，通过线上和线下的互动，能够进一步提升物业公司品牌整体形象。

图 5-33 《梦想家》游戏登录界面与平面图

广告设计

玩家角色

敌人角色

NPC角色

图 5-34 《梦想家》游戏设计与角色

图 5-35 《梦想家》游戏部分场景

另外一个案例是国内某女装品牌利用女性最喜欢的《换装游戏DRESSUP》（图5-36）进行有效的市场调查。在夏装设计方案结束之后，将款式做成女性换装模型库，包括面料、手包、发型等都放入游戏后台的数据库。通过返利的形式鼓励消费者提交自己的服装搭配方案，并在最后的数据统计中得出最受欢迎的方案，借此可以分析得出地域之间的差异，避免盲目生产与配货，重点生产排名前十的方案，提升设计效率。对于提交方案的顾客来说，如果所选的搭配方案排名第一位，可以通过短信可以获得新品上市后1折的巨大优惠，以此类推。对于企业的设计团队而言，引入竞争机制，销量越好，设计团队获得的奖励越高。图5-37是《酵你好看》饮料以小游戏的形式在手机终端上进行推广。

图5-36 换装游戏

图 5-37 《酵你好看》饮料手机游戏推广

5.10 播客与沃克的传播整合

播客，英文是 Podcast，通常把那些自我录制广播节目并通过网络发布的人称为播客。播客是大众传播发展的结果，具有凸显个人交流和个性张扬的特点。优酷网、土豆网等都属于国内有名的播客网站。

沃克（Work2.0），有学者称之为 Telework（即远程就业）。沃克是通过网络方式形成创新型网络信息服务交易的第三方平台，同时又指通过沃克网站平台出售自己的知识、创意、劳动成果甚至是智慧的工作者，或借助该平台无偿展示自己工作成果的创意人。有时"沃克"还称为"威客"（图5-38）。

图 5-38 威客中国与猪八戒网

思考题

① 怎样理解新媒体广告与传统广告之间的关系？
② 如何看待在广告方面中国与世界强国之间的差异？
③ 数字媒体环境下的广告设计趋势如何？
④ 探讨平面设计的转型与出路。

参考文献

[1] 陈楠. 汉字的诱惑. 武汉：湖北美术出版社，2014.

[2] 刘立宾. IAI中国广告作品年鉴. 北京：中国民族艺术摄影出版社，2012.

[3]（美）威廉·阿伦斯等著. 丁俊杰等译. 广告与营销策划. 北京：人民邮电出版社，2015.

[4]（英）肯·伯坦肖等著. 广告设计基础. 北京：中国青年出版社，2013.

[5] 崔生国. 图形意语. 武汉：湖北美术出版社，2014.

[6] 崔生国. 文字意态. 武汉：湖北美术出版社，2014.

[7] 徐进. 新广告设计. 北京：中国水利水电出版社，2014.

[8]（英）伊赖扎·威廉姆斯著. 徐焰译. 这就是广告. 北京：中国摄影出版社，2014.

[9] 王岩等. 广告设计. 沈阳：辽宁美术出版社，2011.

[10] 庞少杰等. 广告设计. 南京：南宁大学出版社，2010.

[11]（英）法雷利编著. 张嘉馨译. 品牌形象设计. 北京：电子工业出版社，2013.

[12]（英）尼克·马洪编著. 孟刚等译. 创意思维. 北京：中国青年出版社，2012.

[13]（加拿大）马歇尔·麦克卢汉著. 何道宽译. 理解媒介. 南京：译林出版社，2013.

[14] 舒咏平等. 新媒体广告. 北京：高等教育出版社，2016.

[15] 陈培爱. 中外广告史. 北京：中国物价出版社，2002.

[16] 孙犁，徐凤兰. 新媒体广告. 杭州：浙江大学出版社，2015.

[17] 潘强. 广告设计. 北京：科学出版社，2011.

[18] 马泉. 城市视觉重构：宏观视野下的户外广告规划. 北京：人民美术出版社，2012.

[19] 叶朗. 中国美学史大纲. 上海：上海人民出版社，2015.

[20] 朱良志. 南画十六观. 北京：北京大学出版社，2015.

[21]（日）田中一光. 朱锷译. 设计的觉醒. 桂林：广西师范大学出版社，2010.

[22] 杜哲森. 中国传统绘画史纲. 北京：人民美术出版社，2016.

[23] 姜澄清. 中国绘画精神体系. 兰州：甘肃人民美术出版社，2008.

[24] 2016年戛纳国际广告节获奖作品，2016.